OKINAWA

47 都道府県ご当地文化百科

沖縄県

丸善出版 編

丸善出版

刊行によせて

　「47都道府県百科」シリーズは、2009年から刊行が開始された小百科シリーズである。さまざまな事象、名産、物産、地理の観点から、47都道府県それぞれの地域性をあぶりだし、比較しながら解説することを趣旨とし、2024年現在、既に40冊近くを数える。

　本シリーズは主に中学・高校の学校図書館や、各自治体の公共図書館、大学図書館を中心に、郷土資料として愛蔵いただいているようである。本シリーズがそもそもそのように、各地域間を比較できるレファレンスとして計画された、という点からは望ましいと思われるが、長年にわたり、それぞれの都道府県ごとにまとめたものもあれば、自分の住んでいる都道府県について、自宅の本棚におきやすいのに、という要望が編集部に多く寄せられたそうである。

　そこで、シリーズ開始から15年を数える2024年、その要望に応え、これまでに刊行した書籍の中から30タイトルを選び、47都道府県ごとに再構成し、手に取りやすい体裁で上梓しよう、というのが本シリーズの趣旨だそうである。

　各都道府県ごとにまとめられた本シリーズの目次は、まずそれぞれの都道府県の概要（知っておきたい基礎知識）を解説したうえで、次のように構成される（カギカッコ内は元となった既刊のタイトル）。

Ⅰ　歴史の文化編
　「遺跡」「国宝 / 重要文化財」「城郭」「戦国大名」「名門 / 名家」
　「博物館」「名字」
Ⅱ　食の文化編
　「米 / 雑穀」「こなもの」「くだもの」「魚食」「肉食」「地鶏」「汁

i

物」「伝統調味料」「発酵」「和菓子 / 郷土菓子」「乾物 / 干物」

Ⅲ　営みの文化編

「伝統行事」「寺社信仰」「伝統工芸」「民話」「妖怪伝承」「高校
野球」「やきもの」

Ⅳ　風景の文化編

「地名由来」「商店街」「花風景」「公園 / 庭園」「温泉」

　土地の過去から始まって、その土地と人によって生み出される食
文化に進み、その食を生み出す人の営みに焦点を当て、さらに人の
営みの舞台となる風景へと向かっていく、という体系を目論んだ構
成になっているようである。

　この目次構成は、一つの都道府県の特色理解と、郷土への関心に
つながる展開になっていることがうかがえる。また、手に取りやす
くなった本書は、それぞれの都道府県に旅するにあたって、ガイド
ブックと共に手元にあって、気になった風景や寺社、歴史に食べ物
といったその背景を探るのにも役立つことだろう。

＊　　　　＊　　　　＊

　さて、そもそも47都道府県、とは何なのだろうか。47都道府県
の地域性の比較を行うという本シリーズを再構成し、47都道府県
ごとに紹介する以上、この「刊行によせて」でそのことを少し触れ
ておく必要があるだろう。

　日本の古くからの地域区分といえば、「五畿七道と六十余州」と
呼ばれる、京都を中心に道沿いに区分された8つの地域と、66の「国」
ならびに2島に分かつ区分が長年にわたり用いられてきた。律令制
の時代に始まる地域区分は、平安時代の国司制度はもちろんのこと、
武家政権時代の国ごとの守護制度などにおいて（一部の広すぎる国、
例えば陸奥などの例外はあるとはいえ）長らく政治的な区分でも
あった。江戸時代以降、政治的区分としては「三百諸侯」とも称さ
れる大名家の領地区分が実効的なものとなるが、それでもなお、令
制国一国を領すると見なされた大名を「国持」と称するなど、この
区分は日本列島の人々の念頭に残り続けた。

　それが大きく変化するのは、明治維新からである。まず地方区分

は旧来のものにさらに「北海道」が加わり、平安時代以来の陸奥・出羽の広大な範囲が複数の「国」に分割される。政治上では、まずは京・大阪・東京の大都市である「府」、中央政府の管理下にある「県」、各大名家に統治権を返上させたものの当面存続する「藩」に分割された区分は、大名家所領を反映して飛び地が多く、中央集権のもとで中央政府の政策を地方に反映させることを目指した当時としては、極めて使いづらいものになっていた。そこで、まずはこれら藩が少し整理のうえ「県」に移行する。これがいわゆる「廃藩置県」である。これらの統合が順次進められ、時にあまりに統合しすぎて逆に非効率だと慌てつつ、1889年、ようやく1道3府43県という、現在の47の区分が確定。さらに第2次世界大戦中の1943年に東京府が「東京都」になり、これでようやく1都1道2府43県、すなわち「47都道府県」と言える状態になったのである。これが現在からおよそ80年前のことである。また、この間に地方もまとめ直され、京都を中心とみるのではなく複数のブロックで扱うことが多くなった。本シリーズで使っている区分で言えば、北海道・東北・関東・北陸・甲信・東海・近畿・中国・四国・九州及び沖縄の10地方区分だが、これは今も分け方が複数存在している。

　だいたいどのような地域区分にも言えることではあるのだが、地域区分は人が引いたものである以上、どこかで恣意的なものにはなる。一応1500年以上はある日本史において、この47都道府県という区分が定着したのはわずか80年前のことに過ぎない。かといって完全に人工的なものかと言われれば、現代の47都道府県の区分の多くが旧六十余州の境目とも微妙に合致して今も旧国名が使われることがあるという点でも、境目に自然地理的な山や川が良く用いられているという点でも、何より我々が出身地としてうっかり「○○県出身」と言ってしまう点を考えても（一部例外はあるともいうが）、それもまた否である。ひとたび生み出された地域区分は、使い続けていればそれなりの実態を持つようになるし、ましてや私たちの生活からそう簡単に逃れることはできないのである。

＊　　　　＊　　　　＊

　各都道府県ごとにまとめ直す、ということは、本シリーズにおい

ては「あえて」という枕詞がつくだろう。47都道府県を横断的に見てきたこれまでの既刊シリーズをいったん分解し、各都道府県ごとにまとめることで、私たちが「郷土性」と認識しているものがどのようにして構築されたのか、どのように認識しているのかを、複数のジャンルを横断することで見えてくるものがきっとあるであろう。もちろん、47都道府県すべての巻を購入して、とある県のあるジャンルと、別の県のあるジャンルを比較し、その類似性や違いを考えていくことも悪くない。あるいは、各巻ごとに精読し、県の中での違いを考えてみることも考えられるだろう。

　ともかくも、地域性を考察するということは、地域を再発見することでもある。我々が普段当たり前だと思っている地域性や郷土というものからいったん身を引きはがし、一歩引いて観察し、また戻ってくることでもある。有名な小説風に言えば、「行きて帰りし」である。

　本シリーズがそのような地域性を再発見する旅の一助となることを願いたい。

2024年5月吉日 　　　　　　　　　　　　　　　執筆者を代表して

　　　　　　　　　　　　　　　　　　　　　森岡　　浩

目　　次

知っておきたい基礎知識　I

　基本データ（面積・人口・県庁所在地・主要都市・県の植物・県の動物・
該当する旧制国・大名・農産品の名産・水産品の名産・製造品出荷額）
／県章／ランキング1位／地勢／主要都市／主要な国宝／県の木秘話
／主な有名観光地／文化／食べ物／歴史

I　歴史の文化編　11

　遺跡 12 ／国宝/重要文化財 20 ／城郭 25 ／戦国大名 30 ／名門/名家 32
／博物館 36 ／名字 42

II　食の文化編　49

　米/雑穀 50 ／こなもの 56 ／くだもの 62 ／魚食 67 ／肉食 71 ／地鶏
76 ／汁物 79 ／伝統調味料 84 ／発酵 91 ／和菓子/郷土菓子 98 ／乾物/
干物 105

III　営みの文化編　109

　伝統行事 110 ／寺社信仰 117 ／伝統工芸 123 ／民話 130 ／妖怪伝承
136 ／高校野球 142 ／やきもの 148

v

Ⅳ　風景の文化編　153

地名由来 154 ／商店街 159 ／花風景 165 ／公園/庭園 169 ／温泉 176

執筆者 / 出典一覧　178
索　引　180

【注】本書は既刊シリーズを再構成して都道府県ごとにまとめたものであるため、記述内
　　容はそれぞれの巻が刊行された年時点での情報となります

沖縄県

知っておきたい基礎知識

- 面積：2281km²
- 人口：146万人（2024年現在）
- 県庁所在地：那覇市
- 主要都市：石垣、宜野湾、沖縄、浦添、うるま、豊見城、名護、糸満、宮古島
- 県の植物：リュウキュウマツ（木）、デイゴ（花）
- 県の動物：ノグチゲラ（鳥）、グルクン（魚）、オオゴマダラ（蝶）
- 該当する令制国：なし（大半の地域は独立した琉球王国、およびそれに服属した諸豪族）
- 該当する領主：琉球王国（尚氏）
- 農産品の名産：サトウキビ、ゴーヤ、パイナップル、マンゴーなど
- 水産品の名産：モズク、マグロ、グルクン
- 製造品出荷額：4599億円（2021年）

●県　章

外円は海洋を表し、白い部分はローマ字の「O」で、沖縄を表現するとともに人の輪を強調したもの。内円は動的に、グローバルに伸びゆく県の発展性を象徴し、「海洋」、「平和」、「発展」のシンボル。

●ランキング1位

・**年間平均気温**　全都道府県中で主要部が最も南に位置し（厳密な最南端は東京都の沖ノ鳥島、ただし有人島ならば沖縄県の波照間島が最南端）、日本列島では小笠原諸島（東京都）などと並び熱帯・亜熱帯気候を有する沖縄県は、県庁所在地の那覇市の平均気温が23.3℃と全国で最も高く、平均気温が10℃を下回る月もない。ただし、海の影響を気候が強く受けるため、雨もかなり多く、また冬もコートが必要になるくらいには寒くなる日もある。

●地　勢

　南西諸島もしくは琉球弧ともいわれる九州から台湾に連なる諸島のうち、与論島以南の三つの島群、すなわち沖縄島を中心とした沖縄諸島、宮古島を中心とした宮古列島、石垣島・西表島を中心とした八重山諸島からなる（宮古列島と八重山諸島を合わせて先島諸島ともいう）。これ以外の島嶼には、沖縄諸島のはるか東方に浮かぶ大東諸島がある。島々の多くは琉球石灰岩というサンゴ礁由来の岩石から構成されており、活火山がある島はほぼ存在しない。また、島も起伏が多いところはあるものの一部を除くと標高は低い。人口のほとんどは最大の島である沖縄島、その中でも南部〜中部に集中する。

　海岸線はやや出入が激しく、ラグーンもいくつかある一方、切り立った崖もしばしばみられる。ラグーンとしては、最大都市である那覇の港町の南に広がるラムサール条約湿地の漫湖が特に有名である。石垣島の名蔵湾などのように名勝で知られる所も存在する。

　山岳地帯は先述の通り、高山はほぼ存在していない。最高峰である石垣島の於茂登岳でさえ526mである。山がちな島・地域には西表島、及び沖縄島北部の山原地域があげられる。逆に大変低平なのが宮古島で、この島は地質が水を通しやすい石灰岩中心であることも相まって、たびたび台風の通り道にもかかわらず渇水被害を受けていた。このため、地下にダムがあるという珍しい島である。

　主要な島には、沖縄諸島では沖縄島を中心に伊江島、久米島、伊是名島、伊平屋島、平安座島、慶良間諸島など、八重山諸島では石垣島と西表島を中心に竹富島、波照間島、黒島、小浜島、与那国島など、宮古列島では宮

古島を中心に下地島、伊良部島、多良間島があげられる。

●主要都市

・**那覇市（那覇地区）** 県内最大都市である那覇市のうち、王都首里の外港として15世紀から栄えた一帯。北にはさらにそれに付随する港町であった泊が隣接する。古くは「浮島の那覇」とも呼ばれ、ラグーンに浮かぶ島々から構成されていた。ただし、古くからの中心地であったそのあたりは、第二次世界大戦による艦砲射撃や空襲で壊滅し、その名残をほとんど残していない。国際通りなど現在の中心部は、かつての中心地の外縁部に位置している。

・**那覇市（首里地区）** 14世紀頃から城があったらしいが、1429年以降に城の修築をはじめとして琉球王国の首都としての機能を本格的に整備された「古都」。那覇同様に多くの文化遺産が第二次世界大戦中の空襲や艦砲射撃によって破壊されており、現在に至るまで破壊された文化遺産の復元が続いている。とはいえ、金城の石畳道や赤瓦の民家、また首里城をはじめとして、古都としての景観を徐々に取り戻しつつある。

・**石垣市** 八重山諸島の石垣島全域を占める市域のうち、古くからの中心地とされるのは南部の「四ヵ字」と呼ばれる地区である。この地域には八重山全土を統括する琉球王国の出先機関「蔵元」がおかれていたが、現代でもここの埋め立て地にある石垣港が、周辺諸島への旅客船が発着する交通の中心となっている。

・**宜野湾市** 普天間基地を抱える都市。琉球国王の参拝があるほどの古い神域である普天間宮とその鍾乳洞の存在でも知られている。本来はその門前町として特に王国処分後に発展した、沖縄島中部（中頭地域）の中心地であった。つまり、元来交通路も水源もある耕地や交通の便が良い土地柄であり、現代の基地返還問題につながる人口集中の背景になっている。

・**沖縄市** 基地を中心にしたアメリカ文化の移入地としても知られていた。中心地はコザ十字路だが、もともとの名前は越来村、胡屋十字路だったものが「コザ」と聞き間違えられたと伝えられている。

・**糸満市** 沖縄島南部にある漁業の町である。琉球王国時代以来から、農業が王府によって奨励されていた沖縄島の中でも例外的に漁業が盛んな地区として知られており、当時から西の慶良間諸島や沖縄島中北部の読谷近くまでの出漁記録がある。

・名護市　沖縄島北部の中心都市。明治時代以降に発達している。
・宮古市　宮古島全島を市域とする都市。中心部である平良は琉球王国以前の豪族支配時代以来の島の中心地として知られている。

●主要な国宝

・玉　陵　沖縄語では「たまうどぅん」。琉球王国歴代の国王の墓所であり、少なくとも15世紀末以降、第二尚氏王統の王はほぼ全員が葬られている。一つの建築物に三つの墓室を持つ石造の墓は、沖縄戦でそのうち二つが破壊されたが、修復した。
・琉球国王尚家関係資料　主に那覇市歴史博物館に所蔵されている、琉球王家尚家に保存されてきた美術品と古文書群の総称。本来より多く保存されていた資料は、沖縄戦により多くが焼失した。しかしそれでも、王冠「玉冠」をはじめとして、紅型、宝剣「北谷菜切」や「千代金丸」、螺鈿細工などの工芸品と、中国や諸外国との交易・外交関係の研究上の記録や即位式の記録など、王国の歴史上重要な多数の記録が残っている。

●県の木秘話

・デイゴ　多数の赤い房をつける赤いマメ科の花。石灰岩質を好む傾向にあり、沖縄の石灰岩質の土壌にあっているものとみられる。また、琉球漆器の下地として用いられてきた木材である。
・リュウキュウマツ　沖縄の人里近くでは各所に見られる木で、台風に強く、並木や治水の際の植樹にも用いられてきた。なお、戦前は普天間宮に続く並木道「宜野湾並松」が特に有名だったのだが、沖縄戦による荒廃とその後の戦後復興での道路拡張で今はない。

●主な有名観光地

・首里城　琉球王国の王宮として整備され、往時には正殿を中心に多数の建築と波打つ石垣を有する城だった。沖縄戦で炎上した後に琉球大学のキャンパスにされていた敷地が大学移転によって解放されて以来、長らく再建事業が進められてきたが、後宮部分までの復元が済んだ矢先の2019年、失火によって大半が焼失してしまった。現在再度の復興事業が進められている。有名な「守礼門」はこの首里城と首里の町をつなぐ大通り、綾門大道に作られた門である。

・**西表島のマングローブ**　亜熱帯気候の先島各所に見られるマングローブ。特に西表島の仲間川にあるそれは日本国内で最大規模とされる。また、西表島それ自体も、沖縄の中では珍しく山が大半を占める地形もあって雨林が広がり、生物多様性の宝庫の一つとされる。

・**ひめゆりの塔**　観光地、というべきではないが、沖縄島のほぼ最南端、糸満市にある慰霊施設。名の由来となった「ひめゆり学徒隊」をはじめ、沖縄戦に巻き込まされて亡くなった多くの人々の慰霊の地とされている。

・**斎場御嶽**　沖縄島の南東部にあり、対岸に琉球の創世神話における開闢の地・久高島を望む。王国時代以来、王国の最高神官である聞得大君直轄かつ王国最高位の聖地とされてきた。岩の重なりによりきれいな三角形の空間となった「三庫理」が特に有名。沖縄県域では神道・仏教の流入はあったものの、主には御嶽を中心とした自然崇拝や祖先崇拝が中心となっており、ユタやノロなどの女性を中心とした神職組織も知られている。

・**竹富島の住宅地**　竹富島は琉球王国による八重山諸島征服の際に当初の蔵元（行政機関）がおかれたと伝えられる歴史ある島である。赤瓦の民家は王国時代が過ぎた20世紀以降に増加したと考えられているものの、そのそろった景観や石垣の街並みは、県内きっての観光地として、また居住地として島ぐるみで保全や保護の結果である。

●文　化

・**組　踊**　18世紀の初頭に、中国からの使節団である冊封使を歓迎するために演じられたことに始まる伝統舞踊の一角。その開祖であり、特に有名な演目である「二童敵討」「女物狂」などを書いた玉城朝薫が有名である。琉球にこれまでに蓄積されてきた踊りに加え、外交使節団の一員として赴いた日本の物語（「女物狂」は能「隅田川」などの影響もあると推定）なども取り入れ、中継貿易の中心地である沖縄を反映したかのような演目となっている。このほか、「芸能の島」と呼ばれるほど多数の踊りが有名である。

・**紅　型**　王国時代以来の高級衣服などに用いられてきた、華やかで大胆な柄を特徴とする染色技法。沖縄戦で危うく途絶えかけたが、一部の型紙が沖縄戦前に写真やメモとして残されており、そこから復興を遂げた。同じように沖縄戦で壊滅の危機から復興したものには、酒蔵の焼け残ったむしろから地道に黒麹を増やしていった泡盛がある。

沖縄県　知っておきたい基礎知識　　5

・三線と琉球音階　琉球諸島でよく使われる音階は5つの音を使い、また、中国から伝わった後に日本では三味線の起源になったことでも知られる三線などの楽器をよく用いる。さらにはこれをベースに、明治時代以降も日本の音楽、アメリカのロックなど様々な文化の影響を受けて、今も新曲が生み出されている。

・沖縄語　「めんそーれ」（いらっしゃい）や「はいたいぐすーよー」（こんにちはみなさん）など、日本列島側の言語とかなり違う語句が有名であるが、沖縄語も日本語に属する言語の一つである。いくつかの方言があり、島ごとにもかなり異なっている。さらにはこれに加え、明治時代以降の教育による沖縄語制限と、日本列島からの言語の流入で発生した「ウチナーヤマトグチ」とよばれる方言もあり、言語と政治と社会とが密接な関係であることが、日本列島の中でも如実に観察できる地域である。

・台風対策と民家　沖縄において台風の襲来は重要な点であり、例えば現在でも八重山諸島の竹富島や石垣島などで観察できるような、赤瓦を漆喰で固めて背も低めにして風をやり過ごすような伝統的な民家が生まれた。また、近代では鉄筋コンクリートでそもそもの強度を高めた「スラブヤー」も一般的になっている。

・アメリカの影響　沖縄県にとって沖縄島の中央部、最も交通の便が良いところを接収されたような恰好になっている米軍基地の移転・移設は、基地が島の人口密集地に接していることに加え、またたびたび訓練時の事故による死者や、島民への暴行事件の記憶もあり、戦後たびたび深刻な問題になっている。かといっても、日本列島側で米軍基地がおかれた神奈川県や長崎県などと同様、ステーキをはじめとした食文化の流入や、米軍占領下でコーラ瓶などを材料に使用したことをきっかけに名物として発展した琉球ガラスなど様々な交流もあり、複雑である。

●食べ物

・チャンプルー　豆腐と野菜の炒め物がベースだが、現代では様々な具を入れる場合も多い沖縄料理の代表格。なお島豆腐は、14世紀には中国からの来訪者をきっかけに製造されるようになったとされている。また、昆布やカツオの出汁もよく用いられるが、これについては中継貿易での中国への輸出品として日本列島から琉球に入ったものが広まっていったと推定されている。

・ゴーヤ　沖縄野菜の代表格であり、若い実を食する。このほか沖縄野菜といえば島ラッキョウやニガナなども知られる。稲作に向かない地が多い沖縄において、これらの野菜は重要な栄養源であった。

・豚　肉　中国から飼育は伝わったとされる。特に王国時代に冊封使を迎える料理に使う必要があったこと、サツマイモの栽培拡大により飼料に使えるものが増えたことも相まって、多数の飼育がみられた。明治期までは高級品の部類ではあったが、それでも食用文化として古くから根付いていたことは間違いなく、現代のテビチ（豚足煮）や沖縄そばの出汁などの豚肉文化の発展につながる。また変わったところでは、アメリカ軍により持ち込まれた肉の缶詰「SPAM®」の使用が日本国内では例外的に盛んな地域としても知られている。

・サトウキビ　沖縄に1623年頃に伝わったとされ、沖縄語では「ウージ」ともいう。王国時代には租税でもあった。黒糖は豚の煮物（ラフテー）や、サーターアンダギーなど郷土料理にもつかわれる。

●歴　史

●古　代

　琉球諸島は現在の日本領においては唯一、本州島に本拠を置く政権とは別個の対外的に認められた「国」が存在した地域である。日本でいう平安時代（9〜11世紀のころ）において、日本列島側からの認識では「鬼界ヶ島」こと現在の鹿児島県南部諸島（トカラ列島北部）のあたりが国土の果てとみなされていた。奄美は記録上の交流は確認されているものの、明確に日本列島の政権の支配下にあったかどうかはかなり微妙で、それ以南の沖縄諸島に至っては、奈良時代（8世紀）に鑑真が日本に渡航しようとした舟の寄港地として記されている「あこなわ島」の推定くらいしか明確なものがない。この日本列島との交流の少なさについて最大の原因とみられるのが黒潮の流れで、ちょうどトカラ列島南部の七島灘と呼ばれる一帯で激しい潮流となって東シナ海から太平洋へと注ぐために琉球諸島から日本への航路を邪魔するような形になっており、後の琉球王国の時代になっても日本列島方面に向かう場合の航海の難所として認識されていた。

　なお、「流求」という当て字自体は中国の史書『隋書』（600年前後の王朝である隋の歴史をまとめた正史）に登場しているが、これが沖縄県のこ

とを指すのかという点は現在でもはっきりしておらず、時に隣の台湾が古くは「小琉球」という名で中国側の文献に出てくることの一因になっている。

とはいえ、それでもなんらかの形で日本や中国との交易が沖縄県にあったことは確実である。沖縄の島々、特に沖縄島では12世紀の頃には按司と呼ばれる豪族がグスクという城を築いて周辺の諸地域に勢力を張るようになっており、中国からの陶器などの輸入品や、日本からの遺物も発掘されている（沖縄島中部東海岸の勝連城周辺で発掘されたものが有名）。やがて14世紀には、沖縄島は北山・中山・南山の3つの王国にまとまる（三山時代）。これを1429年に、中山国王尚巴志が統一。これをもって琉球王国が成立する。

●中　世

当時、日本列島は室町幕府の支配下にあり、中国は明王朝の下の管理貿易体制（海禁）にあった。このような状況下で琉球王国は、首里に都を整えて外港の那覇港を整備し、東南アジアや中国・日本との中継貿易に乗り出す。国内諸豪族の押さえつけも行いつつ、この方針は、1469年に王家が第二尚氏に交替した後も続いた。15世紀中盤には奄美大島の豪族を支配下に入れ、1500年代には八重山・宮古などを征服するなど、王国の拡大も進む（一方でこの時琉球王国に対抗した八重山のオヤケアカハチやサンバイ・イソバは、地域の英雄としても知られている）。有名な万国津梁の鐘の鋳造は15世紀の中盤と推定されており、この時代のポルトガルの書籍に「レキオ人（琉球人）」が東南アジアや中国・日本をまたにかけて貿易していることが記されている（琉球側の資料としても、外交文書をまとめた『歴代宝案』が現在は散逸しているとはいえ、それ以前に青写真などで残されていたものが重要な資料として現存）。琉球からの貿易品は、日本における当時最大の貿易都市の一角でもある堺港にも入っていった。

ところが、拡大期の16世紀において、そのポルトガルなど欧州商人の進出や、中国の海禁緩和などによって貿易が大幅に打撃をうける。つまり、南方の産品が琉球を介さずに直接日本や中国に持ち込まれる事態が広がっていったのである。この貿易の圧迫要因に加えて、これまで戦国時代で周辺諸豪族や一族内の争いで南方進出を押さえられていた薩摩の島津家が、琉球に目を向ける。さらにはこれに、豊臣秀吉の朝鮮侵攻以来途絶した明

8

との国交・貿易回復について琉球に明への仲介を依頼することを考える徳川家康の意図までからむ。これらの状況下でついに1609年、徳川家康の許可を得たうえで島津氏が琉球王国に侵攻。瞬く間に王国は首里まで侵攻され、国王尚寧王は国王の待遇で扱われたとはいえ、島津氏によって江戸まで連行された。島津氏は奄美地域を琉球王国から割譲させたうえで、1611年に王国の貿易を薩摩が監督することなどを記した「掟十五条」に署名させる。これ以降、琉球王国は薩摩の属国として扱われることになる。

●近　世

　しかしちょうどこの17世紀の前半、中国側では明から清への王朝交代が起こり、また日本側も朱印船貿易から長崎中心の管理貿易（いわゆる鎖国体制）に舵をきるなど、しばらく貿易体制の変動が続いた。最終的に17世紀の中ほどに琉球王国は清からの冊封（中国王朝によって中国の位階にのっとった地位を名目的に授けられること）を受け、この地位を基に中国南部の福州に拠点を設けて貿易を継続した。これ以降、琉球王国は日本と中国の間の貿易拠点として、名目上と諸島内の主要な内政は独立、外交や行政への介入上は薩摩の属国としての地位で落ち着いた。

　王国の体制を、薩摩の属国下とはいえ立て直すために、王国行政の再整備や、中国からの使節を迎え、また日本に王国の存在を見せつけるための宮廷文化が発達していった。特に特筆されるのは、王国全土にわたる検地と集落・水利の再整備やサトウキビ栽培と製糖技術の導入（17世紀初頭に中国から）、それまで行政にかかわることもあった祭祀機構（トップは聞得大君として有名）の分離が挙げられる。また、現在沖縄の伝統文化と認識されている組踊や舞踊などを冊封使や日本に向けた外交（江戸上り）のために洗練させるなど、これらの事業に尽力した羽地朝秀や蔡温の名はよく知られている。このように現代の琉球伝統文化につながる文化、また紅型や料理、工芸品などの産品が発達する一方で、そもそも琉球の土地自体が農業には厳しい（台風、水はけが良すぎかつ薄い土壌）などが災いし、農村部や、人頭税や物納税（芭蕉布など）が課せられた八重山・宮古などはかなりの貧困にあえいだ。

●近　代

　やがて、中継貿易の時代も、日本の開国につづく明治維新、それによる

近代国家としての国境の画定の中、中国と日本の間にある小国という地位を王国が失って終焉を迎える。1872年、まずは王家尚氏を日本における新設された「華族」（旧大名家・公家など）の扱いとして王国を「琉球藩」とした。廃藩置県が行われた中での唯一の藩として継続した後、1879年の琉球処分によって王国統治機構が解体される。こうして、沖縄県が設置され、県庁は首里ではなく那覇へとおかれた。

　47都道府県の一角になったとはいえ、沖縄県では1903年にかけて、琉球王国時代の行政区分（間切）や一部制度が維持された。特に八重山・宮古地域の人頭税制度維持への反発は強く（1903年廃止）、その後町村制・郡制の導入を経て、ようやく他県とほぼ同様の仕組みになったのは1920年のことである。この間、旧琉球王国を日本に同化しようと、沖縄語の使用制限も行われ、現在にいたるまで禍根を残した。加えて、王国時代以来の貧困の方も、砂糖産業の海外との競争が加わり引き続き深刻で、1899年に始まるアメリカ・ハワイ・南洋諸島（パラオなど）への移民の送り出しは、1940年代までには沖縄県民の1/10にも及んでいたという。

　そして、1945年3月〜6月にかけて、第二次世界大戦中の日本列島で最大の地上戦になった沖縄戦が行われた。那覇・首里をはじめとする主要都市は空襲や艦砲射撃によって壊滅し、民間人の死者は94,000人、全死者（米軍含む）は20万人と推計されている。さらには先島諸島を中心にマラリアの再発まで招いた。戦後も沖縄島中部地域を中心にアメリカ軍基地などとして土地の接収が行われ、現在にまで尾を引く基地問題となっている。なお、このため1950年までは米軍占領統治下（軍政府）、後1972年まで米軍監督のもとでの民政府（1952年に琉球政府誕生）の支配下に置かれた。

　現代の沖縄は、ある意味では引き続き、中国・日本・東南アジアの中間地点としての位置づけが、アメリカ軍の基地や日本の自衛隊の基地増設を通じて継続されている。一方で、経済的には基地・公共・観光に依存した3K経済とよばれた状況から、観光業が基幹産業になっているが、一人当たり県民所得は全国最下位という現実もある。日本有数の亜熱帯気候を活かした農産物・水産物の生産と、独特の食文化も有名である。

【参考文献】
・宮城弘樹ほか編『大学で学ぶ沖縄の歴史』吉川弘文館、2023
・新城俊昭『新訂ジュニア版 琉球・沖縄史』編集工房東洋企画、2018

I

歴史の文化編

遺　跡

首里城京内跡（中国青磁）

地域の特色　　沖縄県は、沖縄本島を中心として、北緯24〜28度、東経123〜132度内の琉球列島とその領海からなる。琉球列島は鹿児島県の西端、与論島を境として、北東から南西方面に太平洋に向けて弓なりに連なる群島であり、台湾島近くの与那国島まで連なる島々より構成される。島々の地形は、地質構造に影響されており、特に山地をもつ高島と、山地がなく台地主体の低島に大別されている。低島とはサンゴ礁が隆起した島であり、粟国島、伊江島、宮古諸島、竹富島、黒島、波照間島、大東諸島などが典型例である。沖縄島では特に中南部に低島域が認められ、琉球石灰岩の台地が主体であり、こうした地形が洞穴遺跡における化石人骨の残存状況にもよい影響を与えている。また、琉球列島は沖縄諸島と先島諸島に二大別されるが、考古学的にもその文化は異なっている。沖縄の時代区分は本土と異なり、先史〜古代の大半は貝塚時代であり、特に弥生時代〜平安時代は沖縄諸島では「貝塚時代後期」、先島諸島では「無土器期」としてとらえられている。その後13世紀以降、地域共同体を単位に琉球独特の大型城寨が出現した（グスク時代）。14世紀には、沖縄島に中山・南山・北山という3つの王国（三山）が成立するが、王権は不安定で、実権はグスクの城主である按司が掌握していたとされる。三山は明との朝貢冊封体制を積極的に進め、経済的基盤を固めた。

　そして、佐敷出身の尚思紹・巴志父子によって1420年代に武力統一がなされ、中山王を頂点とする統一琉球王国（第一尚氏）が成立した。その後1470（明の元号、文明2）年に尚円王が新たな王統をひらいた（第二尚氏）。3代尚真王は中央集権策をとり、琉球全島にわたって強固な王国の基礎を確立した。しかし1609（慶長14）年、島津氏が進貢貿易の利益を得るべく侵略し、琉球国王に大島諸島を除いた琉球諸島8万9,000石の知行目録を与え、諸島からの貢租を命じた。しかし、対外的には進貢貿易を行うため、こうした関係を秘匿し続けた。

12　凡例　史：国特別史跡・国史跡に指定されている遺跡

そして1872年、明治新政府は、鹿児島県大山綱良参事をして、琉球国王に上京を命じ、尚泰を琉球藩王となした。また、前年に起こった漂流宮古島島民に対する台湾住民による惨殺事件を契機に台湾へ出兵し、清より琉球の施政権を認めさせた。そして政府は1879年、廃藩置県を藩王に通告、ここにおいて琉球王国は消滅し、沖縄県が誕生した。

主な遺跡

白保竿根田原洞穴遺跡
＊石垣市：白保から盛山にかけて分布する洞穴内、標高30～40mに位置　**時代** 旧石器時代

　2007年より、新石垣空港の建設に伴いNPO法人沖縄鍾乳洞協会が行った調査で、洞穴内から人間の頭、脚、腕などの骨9点が発見され、2010年より県立埋蔵文化財センターにより調査が行われ、1,000点以上の人骨片が出土した。特に全身の骨格が出土した骨は、高齢の成人男性とされ、身長約165cmで全身が地上の岩間に、あおむけの姿勢で極度の屈葬の状態で葬られていた。骨に含まれる「コラーゲン」を抽出して行った14C年代測定法による分析からは、約2万7000年前の値を得ている。こうした状況から、いわゆる「風葬」が行われていた可能性が指摘されており、ほかの人骨も風葬的な埋葬形態をしていた可能性が指摘されている。

　本洞窟からは、少なくとも19体分以上の骨があることもわかり、旧石器時代の人骨の出土事例としては「世界最大級」であるとされる。

港川遺跡
＊島尻郡具志頭村：雄樋川河口、琉球石灰岩丘陵の崖、標高約15～30mに位置　**時代** 旧石器時代

　1967年に大山盛保が、採石場となっていた割れ目（フィッシャー）からイノシシの化石を発見し、翌68年には数点の人骨を確認したことに端を発する。その後1968、70、74年の3次にわたり、東京大学の鈴木尚らによって本格的な発掘調査が行われた。人骨が5ないし9体分発見され、そのうち4体は完全か、ほぼそれに近い全身の骨格がそろっていた。更新世（洪積世）に属する人類で、いわゆる新人（ホモ・サピエンス・サピエンス）にあたり、人骨とともに出土した木炭片を基に、14C年代測定を行い、約1万8000年前（1万8250±650年B.P.）の結果が得られ、当時日本最古級の人類化石として注目を浴びた。

　いずれも20～30代の成年で、男性2体、ほかは女性である。平均身長は男性が153cm、女性が144cmで、特に保存状態の良好な1号人骨（壮

年後期の男性）については、詳しい形質人類学的分析が行われた。

　小柄で、小さめの脳容量、広く低い顔などの特徴から、中国華南の柳江人（3万5000年前）と似ているとする説もあるが、依然として議論がある。また、抜歯の痕跡があり、日本最古級の資料と評価されている。また、頭骨の穿孔や左右上腕骨下部の欠失が認められ、何らかの葬送儀礼によるものと推測されている。ちなみに沖縄本島では、その後山下町第1洞穴遺跡（那覇市）より、3万7000年前の小児骨が発見され、宮古島のピンザアブ洞穴（宮古島市）では2万6000年前の成人骨の一部、炭久米島の下地原洞穴（久米島町）では、1万5000年前の乳児骨が発見されるなど、化石人類の発掘事例が認められており、今後も新たな発見が期待される。

古我地原貝塚

＊うるま市：金武湾奥、琉球石灰岩丘陵上の標高60〜70mに位置　**時代**　新石器時代前期（縄文時代中期末〜後期初頭）

　沖縄自動車道建設に伴い、1983年、84年に沖縄県教育庁文化課によって発掘調査が行われた。崖上からは竪穴住居や炉跡などの集落跡が検出され、崖下では貝塚が確認された。遺物は在地系の土器（伊波式・仲泊式）に加えて、特に奄美系土器（面縄前庭式・面縄東洞式、嘉徳Ⅰ式A、嘉徳Ⅱ式）が多数検出され、特に面縄前庭式土器と仲泊式土器の中間タイプの土器が出土するなど、沖縄貝塚時代前期前半の土器編年を研究するうえで重要かつ貴重な発見となった。また、特徴的な貝製品としては、装飾品と思われる小型のイモガイ類を扁平に加工した小玉が大量に出土している。イノシシやジュゴン、クジラなどの骨で加工された漁具と推測されるヤス状刺突具や骨輪なども出土している。石製品には勾玉状製品やいわゆる「蝶型骨器」の祖形と見られる彫刻石製品が認められている。

中川原貝塚

＊中頭郡読谷村：海岸砂丘上、標高約4mに位置　**時代**　貝塚時代前期（縄文時代中期〜後期、弥生時代）

　1990年から翌年にかけて発掘調査が行われ、後期を主体とする3時期の文化層が確認された。後期前半の層からは、岩陰を意識した位置に箱式石棺墓が1基認められ、伏臥伸展葬で棺内に副葬品はなかった。被葬者は14歳前後と推定されている。また柱穴ピット群も確認されている。

　遺物では在地系の甕形の無文尖底土器とともに、弥生時代前期〜中期の南九州の土器（高橋Ⅱ式・入来式・山ノ口式など）が出土している。

　加えて特筆される遺物では、県内でも事例の少ない鉄斧や青銅製鏃、中国の五銖銭、小型方柱状片刃石斧などが検出された。五銖銭は前漢以

14

来隋まで鋳造され、通用した銭貨だが、久米島の大原貝塚（具志川村）では10点以上検出されており、その流通経路に関心が集まるとともに、東シナ海における多角的な交流の一端を示す事例として注目される。その他の遺物では、貝斧、貝製鏃などの貝製品、石斧、磨石、棒状石器といった石器類が出土している。特に未加工のゴホウラ、イモガイの集積が認められ、貝輪の原材料としてストックされていたものと推測されている。こうした貝類集積は、貝塚時代後期前半（弥生時代相当期）を主体とする具志原貝塚（伊江村）でもイモガイの集積が認められ、多数の貝製品（腕輪、垂飾、錘など）が検出されており、こうした貝類が九州などとの交易としても重用されていたものと推測されている。

後期後半にあたる層からは、方形の掘立柱建物跡1棟が確認され、無文の甕形土器が多く出土しているほか、破損面を再研磨した貝札が2点出土しており、その性格が注目される。最下層では遺構は認められず、前期（伊波式）、中期（カヤウチバンタ式）の土器片が検出されている。

下田原貝塚（しもたばる）

*八重山郡竹富町：波照間島北海岸、琉球石灰岩上の緩傾斜面、標高3〜9mに位置　**時代**　貝塚時代前期（下田原期）

1954年に発見され、54〜85年まで数次にわたって発掘調査が行われた。先島諸島における著名な集落遺跡である。確認された層位5層のうち、Ⅱ〜Ⅳ層が遺物包含層で、Ⅲ層に貝塚が形成される。住居の形態は不明だが、柱穴遺構が確認され、長軸1.7mのやや大きめの楕円形状炉跡1基や50cm程度の円形状炉5基などが検出されている。遺跡北側には、西から東へ傾斜する全長36m、幅0.8m、深さ5〜15cmの溝状遺構も認められた。

遺物は、本貝塚を標識遺跡とする「下田原式土器」が知られる。牛角状、瘤状の把手が付属するものや、まれに爪形文、沈線文、刺突文などが施され、底部は丸く安定した平底である。石垣島の太田原貝塚（石垣市）でも下田原土器が大量に認められ、沖縄本島や九州には見られない特徴的な土器として、南方系の文化的背景なども含めて検討が進められている。

その他の遺物では、イノシシや魚骨を利用した骨製品や牙製品が多数出土している。骨針、骨錘、牙製尖状製品、鑿状製品、サメ歯製品のほか、猪牙、犬牙、椎骨・顎骨製の装身具など、先島では本貝塚だけに出土する。貝製品はⅢ層で最も多く、スイジガイ製・クモガイ製利器、ヤコウガイ蓋製貝刃、シレナシジミ製貝刃や利器、貝匙、タカラガイ製・イモガイ科製の装飾品などが出土している。石器には、磨石、凹石、石皿、砥石、敲石、円盤状製品などがある。14C年代測定により、今から約3800年前

の値が得られており、先島諸島の先史文化を知るうえで貴重な遺跡である。

真志喜安座間原第1遺跡

＊宜野湾市：海浜低地の砂地、標高4～5m に位置　時代　貝塚時代（縄文時代後期～弥生時代）

　米軍基地返還に伴う真志喜区画整備事業により、1985年から市教育委員会により発掘調査が実施された。県内でも有数の埋葬墓群が検出されるとともに、竪穴住居跡が複数検出された。埋葬施設は、土坑墓18基、石囲墓7基、配石墓3基、石棺墓1基などがあり、腕輪や耳飾などの着飾品が副葬されている事例や頭部をヒレジャコとオオシラナミといった大型貝類で包み込むように埋葬されていた点に注目が集まった。同様の事例は、1977年に調査が行われた木綿原遺跡（読谷村）でも箱式石棺墓や貝の副葬などに認められている。垂飾品のなかで、ジュゴンの下顎骨で製作された「蝶型骨器」は、吹出原遺跡（読谷村）や嘉手納貝塚（嘉手納町）でも同様の形態の骨器が認められており、関心を集めた。

　人骨の形質人類学的検討からは、縄文時代人の特徴をもち、年代的には縄文時代晩期から弥生時代中期と推定されている。一部、北部九州弥生人の形質を有する人骨も認められているという。

浦底遺跡

＊宮古島市：宮古島東部、新辺海岸の砂丘上、標高約5m に位置　時代　貝塚時代中期（先島先史時代後期）

　1987～88年に町教育委員会によって調査が行われ、約2500年前の貝塚と100カ所以上の被熱した礫群が出土した。焼礫はいわゆる焼石料理に使用したものと考えられている。また、シャコガイ製の貝斧が200個近く検出された。貝斧は南太平洋諸島やフィリピンなどにも分布し、蝶つがい部を利用するものや肋平行（貝の成長線と平行の筋）を利用するものがある。フィリピンと先島諸島（南琉球）は蝶つがい利用に限られることから、焼石料理の存在を含めて、その文化的関係性が示唆されている。

浦添ようどれ遺跡

＊浦添市：琉球石灰岩の丘陵上、北側断崖面中腹、標高約115m に位置　時代　グスク時代～第二尚氏

　史跡浦添城跡整備に伴い、1996年から市教育委員会により発掘調査が実施された。浦添ようどれは、1261年に英祖王によってつくられた墳墓で、「ようどれ」とは琉球語で夕凪を意味し、古代には墳墓を指したとされる。

　浦添城跡北側崖下の中腹付近に形成されており、岩壁に掘られた東西2つの洞窟を墓室として、それらを石積みで囲む構造をもつ。発掘調査の結果、初期のようどれ造営（第1期）の遺構、また尚巴志時代（第一尚氏）に、

崖に形成された横穴（墓口）を堅牢な石積みで塞ぎ、墓庭の外側に擁壁を築くなどの石積み構造へと大改修した際の遺構（第2期）、さらに尚寧王（1564～1620年）の時代（第二尚氏）には東西墓室のある「一番庭」を中心とした大規模石積み改修の遺構（第3期）が検出された。

『琉球国由来記』に認められる咸淳年間（南宋元号、1265～74年）に造営されたという記述と矛盾しないことが裏づけられるとともに、戦前、墓庭に設置されていた石碑「ようとれのひのもん（極楽山之碑文）」に刻まれていた、1620（清の元号、萬暦48）年の尚寧王の修築に加えて、尚巴志王時代に大改修を行っていたことが明らかとなった。

「一番庭」から見て、向かって右側が西室（英祖王陵）、左側が東室（尚寧王陵）とされ、その周りを石牆、アーチ門の中御門が囲んでいる。その外は「二番庭」が広がり、天然の岩で形成されたトンネル状の「暗しん御門」があったが、これらの大半は沖縄戦で破壊された。

この第2期の大改修の廃材を埋めた「瓦溜り遺構」も検出され、高麗瓦系瓦が743点、大和系瓦が92点出土し、銅釘、鉄釘、漆塗膜片、金銅製飾り金具が出土している。そしてこれらの遺物から、初期「ようどれ」には瓦葺建物が建てられ、漆塗りの柩が安置されていたことが明らかとなった。なお、瓦の胎土分析の結果では、いずれの瓦も沖縄本島の同一工房で焼成されていた可能性が指摘されている。

次に、西室内には中国産の閃緑岩製の石厨子（石棺）が3基認められた。また東室には閃緑岩製1基、微粒子砂岩製1基、石灰岩製1基の計3基の石厨子が認められた。西室にある閃緑岩製石厨子は、漆塗板厨子（木製厨子）を、第2期の改修時に置き換えたものと推測されており、3基の石厨子のうち、一番大きなものが英祖王の石厨子と見なされている。これらの厨子には遺骨が納められているものがあり（両室とも2基ずつ）、洗骨を行う沖縄古来の埋葬習俗のあり方を知るうえでも貴重な資料といえる。また、西室の石厨子3基と東室1基には、その側面に仏像彫刻が施されており、沖縄に残る仏像彫刻としては最古級の資料とされている。

なお、浦添城跡から北西へ1.5kmほどの丘陵には英祖王の父王の墓である「高御墓」が位置し、その近くには、南九州系の土器（市来式）を出土した浦添貝塚（浦添市）がある。

首里城跡

＊那覇市：琉球石灰岩の丘陵上、標高130m前後に位置

時代 第一尚氏時代～明治時代 史

1936年、伊東忠太らにより発掘調査が実施され、1960年にも部分的な

I 歴史の文化編 **17**

発掘調査が行われた。1985年、86年には正殿の復原工事に先立ち、基壇遺構の調査が実施され、以後は国営沖縄記念公園の整備の一環として、断続的に調査が行われている。

首里城は、三山に分立していた琉球を統一した尚巴志（1372～1439）によって王城として整備がなされ、以後琉球王国の王宮として発展してきた。城は内郭と外郭に大きく分けられ、催事を執り行う御庭（前之御庭）やその西に位置する下之御庭、祭祀空間である京の内、居住空間の御内原などに分かれていた。外郭には歓会・久慶・継世・木曳の四門があった。

御庭には正殿（二重3階建、入母屋造、本瓦葺、桁行11間・梁間7間、正面中央5間庇および3間向拝付き）を中心に、右側に北殿、左側に南殿や番所があり、重要な儀式の場であった。南殿の奥には国王が日常政務を執る書院、世子・王子の応接などに使用された鎖之間などがあった。正殿の発掘調査では、5期の変遷が認められており、最古層の第1期では、本土の「大和系古瓦」の出土が認められる。正殿は何度も焼失と再建を繰返しており、第1期の上部に構築された基壇は火災で焼失した痕跡が認められ、1453年の「志魯・布里の乱」に比定されている。その年代については さらなる検討が必要とされているが、建物と基壇が次第に拡張されていったことがわかるとともに、正殿の向きは変わらず、創建当初の西向きを厳格に踏襲してきたことが明らかとなった。

なお、15世紀末から16世紀中期の尚真王・尚清王の代に整備が行われた。1494（明の元号、弘治7）年に城北側に円覚寺が創建されたほか、1501（弘治14）年には、城の西側に王家の陵墓として、現在、世界文化遺産の構成資産の1つ「玉陵」を整備した。さらに1519（明の元号、正徳14）年には、歓会門の西方に、同じく世界文化遺産の構成資産である園比屋武御嶽石門を整備するなど、王城としての骨格が整えられた。

京の内の発掘調査では、15世紀中頃に焼失した倉庫跡が検出され、大量の廃棄された陶磁器が出土した。中国浙江省の龍泉窯周辺で生産された青磁を中心として、明代初めの酒会壺や明代紅釉水注、元代の青花など、中国陶磁が多数認められた。またベトナムやタイの陶器、日本の備前焼などもあり、その交流の広がりをうかがわせる。これらの遺物は首里城京の内出土陶磁器（付金属製品・ガラス玉）として国重要文化財に指定されている。

1879年の琉球処分により、城は接収され陸軍駐屯地となるも、後に城跡は陸軍省から首里市へ払い下げられた。時の首里市会は1923年に老朽化を理由として正殿の解体を決議。しかし鎌倉芳太郎、伊東忠太の奔走に

より解体は止められ、翌年正殿を史跡名勝天然記念物に仮指定し、沖縄神社拝殿とした。1925年に特別保護建造物に指定、1929年には正殿は国宝となる。1923〜33年に国費による解体修理が行われ、歓会・瑞泉・白銀・守礼の4門と円覚寺、園比屋武御嶽石門なども国宝指定された。

しかし、沖縄戦では第32軍司令部陣地が城跡の地下に構築されていたため、米軍の砲撃にさらされ、正殿をはじめ木造建造物は焼失し、城壁も破壊された。発掘調査でも、沖縄戦時の多数の爆弾破裂痕が確認されており、戦闘時の破壊の激しさを物語っている。ちなみに、司令部地下壕は現在も一部残存しているが、保存・公開を検討しているものの、計画は進んでいない。戦後に琉球大学の校舎が建設されたため、基礎工事により石垣や建物基礎なども破壊されていた。1992年には国営沖縄記念公園として開園し、1998年には世界文化遺産の構成遺産として登録された。

沖縄陸軍病院南風原壕群

*島尻郡南風原町：手登根川右岸の丘陵上、標高約50〜60mに位置　**時代** 昭和時代

1994〜98年にかけて、6カ所の残存している壕に対して、町教育委員会によって測量調査および発掘調査が行われた。発掘調査の結果、アンプルや点滴液、薬瓶、缶入り軟膏といった薬品や顕微鏡、鉗子、注射器など医療に関わる遺物が多数出土した。この施設は、陸軍第32軍直属の病院部隊による戦時病院であり、もともとは中城湾要塞病院を吸収し、那覇市の私立開南中学校、済生病院を収用して開院した。しかし、1944年10月10日の空襲によって施設の大半が被災したため、分院であった兼城の南風原国民学校へ移転し、同時に学校裏手の黄金森に病院壕の構築を開始した。掘られた壕の数は30〜40本とされ、第1外科、第2外科の組織壕と本部壕や薬品壕、手術壕など、用途により使い分けられていた。

実際の運用は1945年3月より開始され、傷病兵の看護補助を目的として、沖縄師範学校女子部、県立第一高等女学校の生徒、および引率教諭など約200名で編成された、いわゆる「ひめゆり学徒隊」が動員され、同病院へ配備された。しかし、5月20日戦況の悪化により首里の第32軍司令部が撤退し、5月25日までに各診療科やひめゆり学徒隊、歩行可能な傷病兵も南部へと撤退した。この時、歩行不可能な傷病兵に対しては自決強制や毒物による薬殺が行われたとされる。1990年、南風原町は、全国で初めて「第二次世界大戦に関する遺跡」として町指定文化財とし、保存、活用に向け整備を行っている。

Ⅰ　歴史の文化編　19

国宝 / 重要文化財

王冠

地域の特性

　日本の最南西に位置し、沖縄島（本島）および160の島々からなる島嶼県である。沖縄諸島、先島諸島（八重山列島、宮古列島）、尖閣諸島、大東諸島で構成される。沖縄島は石川・仲泊地峡を境に、北側には山岳が多く、南側には丘陵や波浪状の低地、カルスト台地が広がる。サンゴ礁の海岸がのびて、南国の雰囲気に包まれているが、沖縄はアメリカ軍基地と深い関係にある。沖縄島北部では人口が少なく、名勝地や行楽地が多い。中南部ではアメリカ軍の基地密度が高く、都市化が進んで人口過密となった。宮古島ではサトウキビ栽培、石垣島ではサトウキビとパイナップルの栽培が盛んである。西表島には低地が乏しく、熱帯・亜熱帯の原生林が繁茂している。

　他県とは異なる独自の歴史文化・言語が展開され、日本の範疇に含めるのが困難な点が多い。沖縄固有の時代区分が設定されている。紀元前4700年頃から貝塚時代となり、12世紀から15世紀までをグスク時代、政治的に統一された1406〜69年を第1尚氏時代、1469年から琉球王国が解体される1879年までを第2尚氏時代という。琉球国と称して中国へ入貢する冊封関係にあったが、1609年に薩摩藩から侵攻を受け、日本と中国の両者から支配されるようになった。近代になって1879年に沖縄県ができたものの、琉球王国の帰属をめぐって日中間で確執が続き、日清戦争で日本勝利となってから日本への帰属が決定的となった。第2次世界大戦末期にアメリカ軍が上陸して激しい戦闘となり、多大な犠牲者が生じた。戦後もアメリカ軍統治が続き、1972年に日本に復帰した。

国宝 / 重要文化財の特色

　美術工芸品の国宝は1件、重要文化財は10件である。建造物の国宝はなく、重要文化財は23件である。本土で見られないような、独特な文化財

20　　凡例　　●：国宝、◎：重要文化財

が多い。太平洋戦争で、日本で唯一大規模な地上戦が展開された。侵攻するアメリカ軍に対して、日本軍は首里城の地下に司令部を置いて戦った。首里城や、旧琉球国王尚氏の霊廟のあった崇元寺、尚氏の菩提寺だった円覚寺などが戦前に国宝に指定されていたが、石造の橋や門を除いて、ことごとく破壊された。沖縄県立博物館・美術館に展示されている文化財にも生々しい弾痕の付いている文化財が多い。

◎銅鐘　那覇市の沖縄県立博物館・美術館で収蔵・展示。室町時代中期の工芸品。第1尚氏6代王尚泰久によって1458年に鋳造され、首里城正殿にかけられた銅鐘である。尚泰久は日本僧を琉球に招き、寺院を多数創建して、23口もの鐘を製造した。銅鐘は総高155.5cm、口径92cm、重さ721kgで、和鐘様式だが、頭頂部の竜頭がやや小型で、下帯がないのが特徴である。胴部の池の間の4区に銘文が刻まれている。銘文は、船を往来させて万国の津梁（懸け橋）となり、異国の宝物が国中に満ちあふれるという内容であることから、この鐘は万国津梁の鐘とも呼ばれている。交易によって国富を目指す琉球国王の気概がうかがえ、また沖縄のアイデンティティとして今でも重視されて、県知事公室に銘文を書いた屏風が置かれている。その後この鐘は正殿から首里城の島添アザサや、那覇の真教寺に移され、1943年には郷土博物館に展示された。戦時には首里城の濠の中に隠され、戦後見つかって沖縄陳列館に保管された。同博物館内には沖縄戦で堂宇を失った円覚寺の梵鐘3口も展示されている。なかでも旧円覚寺楼鐘は総高207.9cm、重さ1.7tもあり、現存する沖縄最大の梵鐘である。戦後アメリカ軍によってフィリピンに運ばれたが、1947年に沖縄に返還された。

◎琉球国王尚家関係資料　那覇市の那覇市歴史博物館で収蔵・展示。第2尚氏時代から明治時代の歴史資料。第2尚氏の統治は、初代尚円が即位した1469年から、19代尚泰の時に琉球処分で王国が消滅する1879年まで、約400年間続いた。尚家関係資料は工芸品85点、文書・記録類1,166点からなる。工芸品には王装束、衣装、調度類、刀剣がある。王装束は皇帝の装束に倣った王冠や唐衣装で、冊封体制下の中国との深いつながりを示している。衣装には、色鮮やかな黄色や紅色をした紅型と呼ばれる琉球独特の衣装や、織物、刺繍がある。竜や鳳凰、蝙蝠など中国のめでたい吉祥文様や、花鳥などが描かれている。調度類には、儀式用の豪華な三御飾（ヌーメーウスリー）、螺鈿細工の琉球

I　歴史の文化編　21

漆器、陶器がある。刀剣は王統の逸話を伝える遺品である。文書・記録類は主に19世紀の資料で、内容は王家関係をはじめ、冠船、進貢、接貢、琉球・薩摩、異国船、琉球処分関係など多岐にわたる。明治政府が押収した文書群は関東大震災で焼失し、首里の尚氏に残っていた文書類も沖縄戦で壊滅してしまった。東京に送られて尚氏に伝わった文書類が、琉球王国に関する残された唯一の資料となり、那覇市に寄贈された。

◎おもろさうし

那覇市の沖縄県立博物館・美術館で収蔵・展示。江戸時代中期の典籍。祭祀や賀宴などで歌われた「おもろ」の歌謡集で、1531年、1613年、1623年の3回にわたって編纂された。首里城の火災で焼失したため1710年頃に書写された唯一の写本である。22冊総計1,554首が採録され、そのうち306首が重複している。料紙は唐紙で、ひらがなに少数の漢字を交える。内容は、国王と聞得大君を賛美する歌、地方の按司や神女（ノロ）を賛美する歌、航海の歌、神遊びや饗宴の歌などがある。歌い方が伝わっているのはごく少数で、具体的な歌い方や語意などは不明な点が多い。琉球古言語、民俗学に関する重要な文献である。長らく国王尚氏に伝わり、沖縄戦でアメリカに持ち出されたが、1953年に返還された。

◎旧円覚寺放生橋

那覇市にある。室町時代後期の石橋。円覚寺は首里城の北隣にあった禅宗寺院で、尚氏の菩提寺だった。第2尚氏3代王尚真が1494年に建立し、開山は京都府南禅寺出身の芥隠で、神奈川県円覚寺にならって7堂伽藍が整備されたという。1879年の琉球処分で尚氏の私寺となり、その後総門、三門、仏殿、龍淵殿、獅子窟、放生橋など9棟が国宝に指定された。沖縄戦で木造建物はすべて焼失し、放生橋も被災したが、1967年に元の位置に修復された。1968年には総門と左右の掖門が復元された。直線状に建物が配置された禅宗伽藍で、境内へ向かう総門と三門との間に横16.4m、縦8.7mの長方形の放生池があり、池の中央に放生橋がかけられている。池の前後から石敷の参道を張り出して、長さ2.7m、幅3.6mの高欄付き石造1間の桁橋をかける。高欄は参道部分にも伸びて長さ5.5mあり、左右各4本の親柱が立って、柱頂部には獅子の彫刻がのる。親柱の間にある羽目石には牡丹、獅子、雲鶴などの浮彫が施されている。親柱には、1498年の造営とする銘文が刻まれていた。羽目石の彫刻は沖縄の石造彫刻の最高作と評価され、またかつて豪壮な伽藍を誇った円覚寺の唯一残った建造物として、貴重な石橋で

座喜味城
（ざきみ）

別名 読谷山城　**所在** 中頭郡読谷村座喜味　**遺構** 石垣
史跡 世界遺産、国指定史跡

　座喜味城は、15世紀初め山田城の城主だった護佐丸（ごさまる）が築城、長浜を擁して海外貿易を行い勢力を築くが、1440年ごろ護佐丸は拠点を中城城に移したため廃城になったという。標高127mの丘上に築かれ、一の曲輪とその南側を取巻く二の曲輪で構成され、一の曲輪からは首里、那覇、慶良間諸島、久米島、渡名喜島などが望める。それぞれの曲輪にはアーチ石積中央に楔石がはめ込まれた拱門がある。石積み技法は基本的に相方積であるが、二の曲輪西内壁で野面積がみられる。城跡は、沖縄戦では日本軍の高射砲台、戦後はアメリカ軍のレーダー基地の設置により、城壁の一部や二つの拱門も破壊された。昭和49（1974）年米軍から城地は返還され、城壁や城門が復元された。

首里城
（しゅり）

別名 御城　**所在** 那覇市首里金城町　**史跡** 世界遺産、国指定史跡

　首里城は琉球王国時代の王城である。その創建は、14世紀の察度王代とも、それ以前ともいわれる。1429年尚巴志の三山統一後、城の規模が整えられ、第二尚氏の尚真・尚清代にさらに整備、拡張された。明治12（1879）年、琉球王国の崩壊とともに王城としての首里城の歴史にも終止符が打たれた。その間、4回にわたり火災と復興を繰り返すが、第2次世界大戦中の昭和19（1944）年、城跡の地下に構築されていた第32軍司令部陣地に向けアメリカ軍の砲爆撃により、現存していた正殿はじめ木造建造物は焼失、城壁も破壊された。

　東西最長約400m、南北最長約270mの城域は、内郭と外郭とで構成されている。内郭には正殿をはじめとする儀式用、居住用そして行政関連の建築物が、東西を軸線としてつくられた中庭の周りに建てられていた。

　アメリカの占領下の昭和33（1958）年、正殿などの復元以前の首里城を代表する建物であった守礼門が復元された。昭和49（1974）年の歓会門を最初に昭和61（1986）年以降は城壁、城門そして正殿などの復元工事が進められたが、令和元（2019）年10月30日に正殿を含む建物9棟が焼失。現在それらの建築物を再建する努力が行われている。

Ⅰ　歴史の文化編　　27

中城城
なかぐすく

所在 中頭郡北中城村大城　**遺構** 石門、石垣、井戸
史跡 世界遺産、国指定史跡

　中城城は沖縄本島東海岸の標高160ｍの高台上に築かれている。城跡からは眺望に優れ、東に中城湾から太平洋、西に東シナ海を望み勝連半島、知念半島さらに周辺の洋上の島々迄も見渡すことができる。中城城は先中城按司によって築かれ、護佐丸（1440～58年居城）によって北の郭と三の郭の増築が行われたという。護佐丸はこの城を拠点に勢力を広げたが、1458年阿麻和利により滅ぼされた。のちに王府の直轄地、中城間切が置かれた。

　中城城は琉球石灰岩の台地上に、北東から南西にほぼ一直線に6つの曲輪が連なる構造である。南は断崖、北は急傾斜地である。一の曲輪・二の曲輪が「布積」、南の曲輪・西の曲輪が「野面積」、三の曲輪と北の曲輪には「相方積」というように、3種の石積技法を一度にみることができる。首里や久高島などへの遥拝などの拝所は城内8ヶ所にある。また城内に井戸が2ヶ所あることも特色の一つである。中城城は先の沖縄戦での戦禍を免れた城の一つで、その中でも最も原型を留めている城である。

今帰仁城
なきじん

別名 北山城、山北今帰仁城　**所在** 国頭郡今帰仁村今泊
遺構 石垣　**史跡** 世界遺産、国指定史跡

　今帰仁城は沖縄本島北部、本部半島の北端に築かれた。三山時代に北山の主城として繁栄したが、1416年中山の尚巴志により滅ぼされた。その後、治安維持の目的で山北監守（今帰仁按司）が設置され、北部地方の統治拠点となるが1609年琉球王国に侵攻した薩摩軍の攻撃を真先に受けて落城。

　北に東シナ海を望む石灰岩丘陵上の標高80～100ｍの位置にあり、東西800ｍ、南北350ｍ、9つの曲輪で構成されていた。東側は断崖となった深い谷で志慶真川が流れており、北と西側は緩やかな段丘上の地形である。琉球石灰岩を積んだ城壁は野面積で高さは6～10ｍ、上部の幅は2～3ｍ、総延長約1.5kmに及ぶ。北から西側にかけては二重に巡らされ、最高所では7ｍ・幅約4ｍを測る。正門の平郎門は拱門ではなく、通路部分が方形で、門の左右内側には凹状の小室があり、狭間穴が開けられている。

南山城
なんざん

別名 高嶺城、島尻大里城　**所在** 糸満市大里　**遺構** 石垣

　沖縄本島の南端部、標高約50ｍの台地上にある。三山鼎立の時代に島

尻一帯を支配した南山王が居城とした。12世紀後半に築かれ、出土した陶磁器などの遺物から14～15世紀に栄えた城である。大正4（1915）年に高嶺小学校が建設されたため、原形が大きく変更されてしまっている。城跡の北西から南部の切石積みの石垣は小学校建設の際に積替えられたもので、北から北東の野面積の石垣が南山城本来の石垣と考えられている。

戦国大名

概況

　琉球には戦国時代は存在しない。そこで、代わりとして尚王朝が誕生する経緯を紹介しておこう。

　琉球では12世紀から「シマ」と呼ばれる集落が誕生し、それらを束ねる「按司」と呼ばれる首長が各地に出現した。彼らはグスク（城）を築いて地域支配を始め、沖縄全土にグスクの数は300以上あるという。やがて、14世紀には今帰仁の北山（山北）王、浦添の中山王、島尻大里の南山（山南）王に集約され、この3家で琉球の覇権を争っていた。ただし、この3王は中央集権的な「王」ではなく、按司の連合政権的な性格であったとみられる。

　1402年、南山王の勢力範囲である佐敷按司の尚思紹・巴志父子は、南山最大の勢力を誇っていた大里按司を急襲して滅ぼし、本拠を大里に移した。さらに1406年には中山の浦添を襲って中山王武寧を滅ぼし、都を浦添から首里に移して自ら中山王の位につき、明に使節を送って自らを中山王の後継者として認めさせた。

　1416年尚思紹は北山に侵攻、名護・国頭・羽地按司らが北山から離反したこともあり、北山は滅亡した。そして、1429年息子の巴志が南山に侵攻して滅ぼし、史上初めて全琉球を統一して尚王朝を開いた。統一した時点で尚思紹はすでに死去していたが、尚家では思紹を初代として数えている。

　尚王朝6代目泰久王のとき内乱が発生した。泰久王の義父（王妃の父）で初代思紹の北山攻めで活躍した護佐丸と、泰久の娘百度踏揚の夫である阿麻和利の乱である。阿麻和利は北谷間切の農民から身を起こして勝連間切の按司を倒して自ら按司となり、海外貿易を通じて急速に力をつけていた。一方、護佐丸は首都首里と勝連の間にある中城按司をつとめ、阿麻和利を牽制する立場にあった。

　1458年阿麻和利は尚泰久に護佐丸を讒言、これを信じた泰久は阿麻和利

を大将として中城を襲わせ、護佐丸は敗れて自害した。最大の障害だった護佐丸を除いた阿麻和利は首里打倒を目指したが、妻百度踏揚の従者大城賢雄がこれに気づいて百度踏揚を背負って脱出、泰久王に叛乱を伝えた。驚いた泰久王は各地の按司を動員してこれを迎え撃ち、首里に攻め込んできた阿麻和利を討った。

　こうして強力な按司を滅ぼしてその基盤を盤石にした尚王朝だったが、泰久王の子7代目尚徳の代で滅ぶことになる。7代というと長そうだが、3代目以降の在位期間はすべて10年以下で、7代合わせてもわずかに40年にしかならない。尚徳は強権的に政治を進める一方、衰退気味であった海外貿易を立て直すため、金丸という人物を重臣として重用していた。

　金丸は伊是名島の農民の子で、24歳で島を脱出し、各地を転々とした末に越来王子時代の尚泰久に仕えていた。以後累進して重臣となったが、尚徳王とは次第にうまくいかなくなり、1468年に西原間切に隠遁した。

　1469年尚徳が29歳で急死すると、その後継ぎを決める場でクーデターが起こり、不満分子が王の世子を追放し、金丸を次の王として擁立した。

　金丸は王座につくと、尚氏の姓をついで尚円と名乗った。そして、中国に使節を派遣して尚徳が死去したため自分が跡を継いだ、と報告して認められた。こうして、形式上は前王朝を引き継いだことになっているが、実際には血縁関係はなく、現在では尚円以降を第二尚氏として区別している。

　第二尚氏のもとで琉球は交易の中継地として栄えた。内政では各地に割拠していた按司を首里に住まわせ、三司官のもとに中央集権を確立した。1500年には石垣島のオヤケアカハチを降して八重山を版図に加え、さらに奄美も支配した。

　こうして、奄美から与那国島まで広がる琉球王国として繁栄したが、1609年に薩摩の島津氏が琉球に侵攻してきたことでその繁栄は終了した。勇猛果敢で知られた島津兵の前に、戦のなかった琉球の兵はなすすべもなく降伏。島津氏は尚王家を滅ぼすことはせず、琉球を支配する尚王家をさらに支配するという、間接支配の形をとった。

Ⅰ　歴史の文化編　　31

名門／名家

◎中世の名族

※沖縄は、西暦（中国の元号［日本の元号］）の順で年号を示した

尚氏(しょう)

琉球王家。14世紀の琉球は今帰仁の北山（山北）王、浦添の中山王、島尻大里の南山（山南）王の三家が覇権を争っていたが、1406（永楽4［応永13］）年に南山王の勢力範囲である佐敷上グスクの尚思紹・巴志父子が浦添グスクを急襲して中山王武寧を滅ぼすと、巴志は父思紹を王位に就け、みずからは世子として翌年明に使節を送り、冊封を受けた。

16（永楽14［応永23］）年巴志は今帰仁グスクを攻めて北山王攀安知(はんあんち)を滅ぼすと、二男忠を北山監守として同地を支配。さらに思紹が没すると巴志が中山王となり、29（宣徳4［永享元］）年には南山王他魯毎を滅ぼして史上初めて全琉球を統一して尚王朝を開き、王城として首里城を整備した。統一した時には思紹はすでに死去していたが、尚家では思紹を初代として数えている。

巴志の跡は短期間で王位が交代、5代金福の時には王位継承をめぐって子の志魯と叔父の布里が争って首里城が焼けるなど、内乱の末に共に倒れて巴志の子泰久が6代目を継いだ。以後も政権が安定せず、58（天順2［長禄2］）年には中城按司護佐丸と勝連按司阿麻和利(あまわり)の叛乱が起こっている。

跡を継いだ7代目の徳は喜界島を征討。しかし、69（成化5［文明元］）年に徳が死去すると宮廷内でクーデターが起こり、不満分子が王の世子を殺して御鎖側官の金丸を王位に就け、尚家は7代64年で滅亡した。金丸は王位に就くと尚氏を称したことから、思紹から徳までの7代を第一尚氏と呼ぶ。

◎近世以降の名家

伊江家(いえ)

首里士族。琉球王家尚家の分家である向姓一族を代表する名家。

琉球王家尚清王の七男朝義が伊江島（伊江村）総地頭職となったのが祖。以後代々伊江島総地頭職をつとめ、伊江氏を称した。摂政一人、三司官四人を出している。1834（道光14 [天保5]）年朝平に嗣子がなく断絶の危機に見舞われた際、不遇の状況にあった尚灝王の五男朝直を養子に迎えている。

朝直は、以後尚泰王の下で糾明総奉行などをつとめた。維新後は華族に列し、90（明治23）年男爵を授けられた。

朝助は沖縄新報社長、貴族院議員を歴任。跡を継いだ甥の朝雄は国鉄常務理事から、1977（昭和52）年に参院議員に当選し、91（平成3）年宮沢内閣の沖縄開発庁長官をつとめた。

糸数家
那覇士族蒙姓の本家。安土桃山時代に堺の商人川崎利兵衛が茶器を求めて琉球に渡り、そのまま尚寧王に仕えて宗延と称したのが祖。後に玉城間切糸数村（南城市）の地頭職となり、糸数親雲上を称した。

上江洲家
久米島の旧家。美済姓。具志川城主の末裔で、代々具志川間切（久米島町）の地頭代をつとめ、養蚕技術や綿の栽培、紬の製法など、外国文化の摂取と普及に携わった。1754（乾隆19 [宝暦4]）年に建てられたという同家住宅は、現存する県内最古の建物で、国指定重要文化財である。

小禄家
尚家の一族である向姓一族の名家。摂政4人、三司官14人を輩出している。3代国王尚真王の第一王子浦添王子朝満は世子ながら家を継ぐことができず、その子朝喬は浦添間切総地頭となる。3世朝賢の子は宗家を継いで尚寧王となり、朝賢は尚懿王といわれた。尚懿王の子朝盛は具志頭間切総地頭職となって、以後代々世襲した。

1774（乾隆39 [安永2]）年尚穆王の四男宜野湾王子朝祥が家を継ぎ、その長男朝恒は小禄間切（那覇市）総地頭職となって小禄家を称した。朝恒の子朝睦は歌人として知られる。

小禄家
首里士族の名門馬姓の本家。奄美大島の酋長与湾大親の末裔と伝える。祖良憲は尚元王の三司官となり、以後一族から多くの三司官が出た。嫡流は代々名護間切総地頭職をつとめ、12世良泰の時小禄間切総地頭職となった。

I　歴史の文化編　33

嘉陽家 （かよう）

首里士族武姓の本家。第一尚氏の末裔で、祖江洲按司は尚泰久の五男尚武であるという。1697（康熙36［元禄10］）年に久志間切嘉陽村（名護市）の地頭職となって嘉陽氏を称した。一時琉球国王から「陽」の字の使用を禁止されて、松村氏を称していた。

具志川家 （ぐしかわ）

尚家の分家である向姓一族の名家。3代尚真王の三男朝典が北山監守を命じられて今帰仁城主となり、今帰仁王子を称したのが祖。7代従憲の時に北山監守を解かれて首里に戻ったが、以後14代まで今帰仁間切の総地頭職をつとめた。世忠の時に具志川間切総地頭職に転じ、具志川氏となった。

崎間家 （さきま）

那覇士族張姓の本家。祖張献功は高麗の人で、薩摩に移り住んで陶工となっていたが、1616（万暦44［元和2］）年薩摩に赴いた世子の尚豊が、薩摩藩主の許しを得て琉球に連れ帰った。以後、湧田村（那覇市泉崎）に住んで作陶を始め、琉球に帰化した。2世麗達の時浦添間切崎間の名を賜った。

尚家 （しょう）

第二尚氏。第一尚氏の滅亡後、家臣だった金丸が王座に就くと尚氏の姓を継いで尚円と称した。この後の尚氏は第一尚氏とは血のつながりはなく、第二尚氏と呼ばれる。以後、琉球は交易の中継地として栄えたが、1609（万暦37［慶長14］）年薩摩から島津氏が琉球に侵攻、以後は薩摩藩の支配を受けた。

1879（明治12）年明治政府の琉球処分によって廃藩となり、尚泰は東京に移された。85（同18）年侯爵となる。泰の二男寅は75（明治8）年に分家し、96（同29）年男爵となった。その子琳は貴族院議員をつとめている。泰の四男の順も85（明治18）年に分家し、96（同29）年男爵となった。

また、泰の六男光の子明は建設省住宅局長、日本住宅公団理事を歴任、ダイニングキッチンの考案者として有名。その妻道子は料理研究家で、たこさんウィンナーの考案者である。

豊見城家 （とみぐすく）

首里士族毛姓の本家。読谷山間切の山田按司の子という護佐

丸が、中城城に拠って中城按司となったのが祖。1458（天順2［長禄2］）年
勝連城主阿麻和利に敗れて自害、幼児だった三男の盛親のみが脱出した。
盛親は尚円王の時代に新たに取り立てられ、尚真王時代に豊見城間切（豊
見城市）総地頭職となり、以後代々世襲した。

永山家
首里士族の名門翁姓の本家。祖盛順は尚清王に仕え、三司官と
なる。3世盛継は具志川間切総地頭職、4世盛長は浦添間切地頭職、5世盛
信は名護間切瀬嵩地頭職、6世盛武は本部間切具志堅地頭職、7世盛寿は
寺社奉行職をつとめた。分家に伊舎堂家がある。

今帰仁家
琉球王家尚家の分家。尚育の三男朝敷は分家して具志川王子
と称し、後今帰仁間切（今帰仁村）に転じて今帰仁王子と称した。維新後は、
病気の尚泰王の代理をつとめ、1879（明治12）年に華族に列して今帰仁家
を称し、90（同23）年男爵となった。

辺土名家
琉球王家尚家の庶流。今帰仁王子朝典5世の朝芳の二男朝智、
1602（万暦30［慶長7］）年に大里間切与那原地頭職となったのが祖。22（天
啓2［元和8］）年玉城間切総地頭職に転じ、以後玉城親方を称した。朝薫は
組踊の創始者として知られる。朝郁の時辺土名親雲上となる。

義村家
琉球王家尚家の庶流。第二尚氏13代尚穆王の三男朝宜は1771
（乾隆36［明和8］）年に勝連間切総地頭職と任じられて勝連を称したが「勝」
の字が禁止されたため義村王子朝宜と称した。82（乾隆47［天明2］）年に
は東風平間切総地頭職に転じたが、そのまま義村王子を称した。3代朝顕
の跡は、尚灝王の五男朝章が継いだ。

与世山家
久米村士族毛姓の本家。福建省から琉球を訪れた毛国鼎の末
裔。1607（万暦35［慶長12］）年中国との交易などに当たっていた中国人の
住む久米村が衰退したため、国鼎はこれを補うために琉球に帰化した。国
鼎は明との貿易に当たる一方、学者としても知られ、琉球儒学の先駆者で
ある「四先生」の一人に数えられる。国鼎の跡は妻の甥藩献が継ぎ、久米
村で栄えた。戦後、門中は社団法人久米国鼎会を設立している。

I　歴史の文化編　　35

博物館

沖縄美ら海水族館
〈ジンベエザメ〉

地域の特色

　沖縄諸島、先島諸島、大東諸島など多くの島々から構成され、東シナ海と太平洋に挟まれている。全域が亜熱帯・熱帯の気候で、貴重な動植物が多く、沖縄本島北部には山原と呼ぶ森林が広がり、ヤンバルクイナ、ヤンバルテナガコガネ、ノグチゲラなどの貴重な生物が生息している。また、県内の各島にもイリオモテヤマネコなど固有種も多い。沖縄は琉球国の時代を経て今日に至るが、7世紀にはすでに琉球の表記があり、本土とは長い間、異なる宗教、文化、風習、人名、言語、食文化が独自に発展していた。15世紀初期には統一国家となって自国の外交的国号として「琉球國」を用いた。「琉球」は中国側からの他称で「沖縄」は本島の住民が周辺の島々を指す時に使う沖縄固有の言葉に基づく名称とされる。明治政府による1872（明治5）年の琉球藩設置後に79（明治12）年の沖縄県設置に至っている。1945（昭和20）年、太平洋戦争で沖縄戦の戦場となり、戦後は米軍軍政下となり日本の施政権は停止して沖縄県はいったん消滅した。1950年代以降に朝鮮戦争やベトナム戦争が勃発したことから、本土への復帰を求める反基地運動が展開され、71（昭和46）年の沖縄返還協定締結を経て、72（昭和47）年に日本に施政権が返還され沖縄県が復活した。日本屈指の観光立県でサービス業が発達し経済の中心になっているが、沖縄には戦後の負担が大きくさまざまな振興策も講じられている。一方で、在日米軍基地による経済に依存している側面もあり、基地との共存はわが国全体の大きな課題でもある。

主な博物館

沖縄県立博物館・美術館　那覇市おもろまち

　1987（昭和62）年の全面返還に伴い那覇市新副都心再開発の中で現地が

確保され、2007（平成19）年に美術館を併設して開館している。建物は琉球石灰岩の石積み「グスク（城郭）」で囲まれ、敷地内には高倉と古民家、瓦窯が移築保存されている。常設展では珊瑚礁の海辺から生物進化の映像に始まり、琉球列島のジオラマへと展開し同列島の地理的関係を確認できる。また展示では、地域の自然、歴史、文化が広く紹介され、その奥の部門展示室ではさらに詳細に理解を深めることができる。特別展示室は移動式の壁で仕切ることが可能で、規模に合わせて広さが使い分けることができる。この他、企画ギャラリーや県民ギャラリーでは市民参加型の展示も開催されている。

石垣市立八重山博物館　石垣市登野城

八重山地方の歴史と民族を学ぶことができる博物館で、1972（昭和47）年に設置された。周囲を海で囲まれた石垣島の主な生業は漁業であることから、展示室の中央には木造船が置かれ、それらに関する道具や民俗行事の資料が収集展示されている。この他、八重山上布の織物と着物、貝殻が練り込まれたパナリ焼き土器、また沖縄地方独特の葬送儀礼に関する資料、さらに西表島地域の民俗行事の獅子舞の頭などもある。また、この地域の政治史に関わる古文書として王府時代の辞令書なども展示されている。

宮古島市総合博物館　宮古島市東仲宗根添

宮古島の歴史、自然、民俗を紹介する博物館で1989（平成元）年に開館した。建物の玄関は仲宗根豊見親の墓を模したとされている。沖縄には御嶽と呼ぶ民間信仰の場所があり、本土にない自然観を伝える場となっている。漁業や農耕の紹介、民家の復元ジオラマには多くの民具が展示され、葬送儀礼で使われた輿や骨壺の模様や色調も独特である。この他、水鳥や植物の標本を通して島の自然を伝える工夫をしている。

首里城公園　那覇市首里金城町

首里城は琉球王朝の王城で、王国の政治・外交・文化の中心地として威容を誇った県内最大規模の城であったが、1945（昭和20）年の沖縄戦などにより破壊された。復元は1980年代末から行われ92（平成4）年に正殿な

I　歴史の文化編　37

どが旧来の遺構を埋め戻し再現された。荘厳な城門を通ると現れる正殿は
琉球王国最大の建造物で、中国と日本の築城文化を融合した独特の建築様
式や石組み技術には高い文化的、歴史的価値があるとされ、園内には守礼
門や園比屋武嶽石門、円覚寺跡などの文化財が点在する。2000（平成12）
年に世界文化遺産に登録された。19（令和元）年に火災により建物の大半
が焼失し、現在、基金の募金と再度の復元工事が進み、進捗状況を復興モ
デルコースで公開されている。

沖縄美ら海水族館　国頭郡本部町字石川

　沖縄本島北西部の本部半島にある国営沖縄記念公園・海洋博覧会地区の
水族館で、1975（昭和50）年に海洋博覧会で整備した水族館を更新するか
たちで2002（平成14）年に完成した。最も特徴的な水槽は、水量7,500トン、
水深10メートルの黒潮の海水槽で、世界初の繁殖に成功したナンヨウマン
タ、繁殖に挑戦している最大の魚類であるジンベエザメをはじめ、サメや
エイなど黒潮の多種多様な回遊魚たちが泳いでいる。また、太陽光が降り
そそぐサンゴの海水槽では800群体のサンゴを飼育展示し、さらに沖縄の
深海を再現した深層の海水槽など、沖縄の海を丸ごと体感できる。

沖縄県平和祈念資料館　糸満市字摩文仁

　1945（昭和20）年3月末にこの島々を襲った激烈な戦火と爆風は90日に
及び、島々の山容を変え多くの尊い人命を奪い去った。沖縄戦は日本にお
ける唯一の県民を総動員した地上戦で、軍人よりも一般住民の戦死者数が
はるかに上回り、その数は十数万に及んだ。県民は、想像を絶する極限状
態の中で身をもって戦争の不条理と残酷さを体験しており、この多くの犠
牲を弔い、歴史的教訓を正しく次世代に伝え、恒久平和の樹立を願ってこ
の館は建設された。展示は「沖縄戦への道」「鉄の暴風」「地獄の戦争」「証
言」「太平洋の要石」などで構成されている。

ひめゆり平和祈念資料館　糸満市字伊原

　沖縄戦の際に、ひめゆり学徒隊として沖縄陸軍病院での看護活動の補助
にあたった、旧沖縄県立師範学校女子部および旧沖縄県立高等女学校の同
窓会であるひめゆり同窓会によって1989（平成元）年に設置された。建物

はかつての学校を模してつくられている。伊原第三外科壕の傍らには慰霊碑の「ひめゆりの搭」がある。資料館は「ひめゆりの青春」「ひめゆりの戦場」「解散命令と死の彷徨」「鎮魂」「回想」「平和の広場」などで構成されている。語り部は次世代へとバトンが渡され、講座なども行われている。

沖縄こども未来ゾーン・沖縄こどもの国　沖縄市胡屋

　沖縄の東側の急峻な崖の斜面やその下の低地の池を利用して整備された。動物園は1972（昭和47）年に開園し、琉球弧に生息するヤクシマザルや琉球犬、沖縄の在来馬などの生物、ライオンやカバなどの大型獣など150種類の生き物を飼育している。2004（平成16）年に自然科学への不思議や驚きを引き出すワンダー・ミュージアムが整備され、併せてこの施設名称になった。ミュージアムでは、「理解と創造は驚きに始まる」というコンセプトで展示や教育普及が展開される県初で唯一のチルドレンズミュージアムである。

琉球大学資料館　中頭郡西原町字千原

　琉球大学では、教育や研究活動の支援を目的に、1967（昭和42）年に全国の大学に先駆け大学付属の資料館を設置し、学内の研究者が教育や研究活動の一環として、主に琉球列島で収集した17万点余りの標本や資料を収蔵している。常設展示室では、イリオモテヤマネコやヤンバルクイナなどの希少生物の剥製標本をはじめ、首里城関連の考古資料、沖縄の伝統工芸資料、古農具や藁算などの民俗資料を展示している。

宜野湾市立博物館　宜野湾市真志喜

　普天間基地の下にある森の川公園に1999（平成11）年に設置された。イメージキャラクターの「天女ちゃん」「察度くん」は公園の湧水にまつわる伝説の登場人物である。市の考古・歴史・民俗資料の収集展示を行っており、県営鉄道が走っていた頃の台車も貴重な資料である。また、市内の遺跡から発掘した人骨を基に人類の進化や世界への拡散を壁面で展開、土器のパズル、古民家の再現展示、米軍基地が市に占める割合がわかる模型など、市の歴史や昔の生活の様子が時間軸に沿って展開し解説されている。

Ⅰ　歴史の文化編　　39

うるま市立海の文化資料館　うるま市与那城屋平

　うるま市ならびにその周辺地域の文化財、歴史民俗の資料を収集、研究、保存、展示する資料館で「海の駅あやはし館」と併設し2003（平成15）年に開館した。広大な干潟に育まれた自然と文化を紹介し、沖縄本島の北部から南部へ往復して物資を運搬していた「マーラン船」と越来家船大工4代にわたる資料展示は県唯一で、地域に根ざした普及活動を展開している。

ユンタンザミュージアム　中頭郡読谷村字座喜味

　世界遺産の座喜味城跡に2018（平成30）年に歴史民俗資料館と美術館を統合してリニューアルオープンした。座喜味城跡や読谷の自然・文化遺産、考古・民俗・自然・沖縄戦について展示している。遺跡で発掘された弥生時代の人骨模型、ガマや亀甲墓などのジオラマ、戦争中の避難壕などを通して、読谷村の歴史・民俗文化・美術工芸・自然を詳しく学ぶことができる。

東南植物楽園　沖縄市知花

　1968（昭和43）年に開園した日本最大級の屋外植物園で、水上楽園と植物園の二つに大きく分かれ、約1,300種、5万株以上の植物を有している。水上楽園エリアでは、独特の樹形のバオバブ、水辺に群生するハス、真っ赤な樹液のリュウケツジュなどが鑑賞できる。植物園エリアでは、ユスラヤシの並木、約80種類のハーブ、果樹園、トックリヤシ並木などがある。四季を通じて花が咲き、ウォーキングツアーや周遊バスでの案内ガイドがある。

対馬丸記念館　那覇市若狭

　1944（昭和19）年8月22日に米潜水艦に撃沈された対馬丸の記念館。学童集団疎開の子どもたちを乗せた対馬丸の犠牲者の鎮魂と平和と命の尊さを教え、事件を正しく後世へ伝えるために、撃沈から60年目の2004（平成16）年に開館した。「対馬丸の出航」「対馬丸の撃沈」「沖縄の学童疎開」「疎開」「犠牲者の名前と遺影」などで展示が構成され、ワークブックを使った学習もできる。

新名護博物館 <small>しんなごはくぶつかん</small> ＊仮称　名護市大仲中

　1984（昭和59）年に旧市庁舎の建物を利用して開館したが、2018（平成30）年に「名護・やんばるの自然と文化拠点施設基本計画」を策定し新博物館が22（令和4）年に整備された。「名護・やんばる」の豊かな自然の中で育まれてきた多様な文化・歴史を基に「海」「まち・ムラ」「山」の三つのロケーションを設定し、歴史とくらしの変遷・くらしと自然・くらしと恵み、などの展示を通して、フィールドに誘うガイダンス機能をより高めている。敷地内には、謝名城の高倉、東屋、赤煉瓦古民家、ビオトープ、ワークショップ棟なども整備し、地域の暮らしの実践・体験エリア、自然と人の共生エリアもある。

Ⅰ　歴史の文化編　41

名　字

〈難読名字クイズ〉
①東門／②東小橋川／③上江洲
／④具志頭／⑤後間／⑥東風平
／⑦後嵩西／⑧勢理客／⑨瑞慶
覧／⑩沢岻／⑪大工廻／⑫仲村
渠／⑬饒波／⑭平安名／⑮山入
端

◆地域の特徴

　沖縄県の名字ランキングは本土とは全く違っている。西日本全体とも、九州の名字とも全く違い、独自の名字構成である。

　40位以内のうち、本土でも多いのは、5位上原、25位石川、34松田、38位中村、39位山内の5つのみ。この他では4位の宮城が関東地方に、16位の砂川が兵庫県南部にも多いくらいである。以下、ベスト100までみても、本土と共通するのは、52位岸本、66位山田、69位長浜、72位前田、73位平田、77位仲田、82位山川、100位末吉などである。

　県最多の比嘉の場合、全国にいる比嘉さんのうち、約87％が県内在住。この他、島袋、新垣、知念、仲宗根といった名字も、やはり全国の85％以上が沖縄に住んでいる。沖縄を出て関西や首都圏に住んでいる人も多いことを考えると、これらの名字はほぼすべて沖縄ルーツと考えていいだろう。

　なお、新垣には「あらか（が）き」「しんがき」両方の読み方があってともに多いほか、玉城は「たましろ」「たまき」、喜友名も「きゆな」「きゅうな」

名字ランキング（上位40位）

1	比嘉	11	知念	21	安里	31	新城
2	金城	12	宮里	22	伊波	32	仲間
3	大城	13	照屋	23	上地	33	国吉
4	宮城	14	下地	24	玉城	34	松田
5	上原	15	仲宗根	25	石川	35	与那覇
6	新垣	16	砂川	26	又吉	36	長嶺
7	島袋	17	城間	27	具志堅	37	仲里
8	平良	18	仲村	28	高良	38	中村
9	玉城	19	新里	29	当山	39	山内
10	山城	20	赤嶺	30	与那嶺	40	外間

42

の両方とも多い。

本土と共通する名字では、新田が「にった」と「あらた」の両方が多いほか、神田は「かんだ」より「かみた」、奥平は「おくだいら」より「おくひら」、久田は「ひさだ」より「くだ」の方が多いのが独特。

● **地域による違い**

地域別にみると、かつての琉球政府の都だった首里があり、現在でも県庁所在地となっている那覇市や、隣の豊見城市にはあまり特徴がない。しいていえば、豊見城市の地名をルーツとする赤嶺や、那覇市の地名をルーツとする高良などが目立つ。

県南部では、糸満市で上原、玉城（「たましろ」とも）、伊敷が多いほか、新垣は「あらかき」よりも「しんがき」の方が多い。南城市では城間や嶺井、八重瀬町では神谷、野原が目立っている。

本島中部では、沖縄市の島袋、仲宗根、うるま市の伊波、山城、浦添市の又吉、棚原、宜野湾市の仲村、金武町の仲間、北中城村の安里、恩納村の当山などが特徴。

本島北部では全体的に岸本、具志堅が多く、名護市の玉城、本部町の上間、今帰仁村の上間、与那嶺、大宜見村の平良、山城などが特徴。

離島ではそれぞれの島によって名字がかなり違う。

本島に近い慶良間諸島では、座間味村で宮平、中村、渡嘉敷村で新垣が多く、久米島では新垣と糸数が多い。

宮古島では下地と砂川が多く、平良、友利、与那覇が特徴。多良間島では垣花が多い。

石垣島周辺では宮良、大浜が多く、石垣島では島名と同じ石垣、与那国島では崎原も目立つ。

なお、南大東島では新垣、城間、北大東島では仲宗根が多い。

● **独特の名字が多いわけ**

沖縄にはこれほどまでに独特の名字が多いのには、2つの理由がある。

まず一つは言葉の問題である。沖縄に限らず、名字の大多数は地名から付けられている。そして、その地名はそこに住む人が命名したものが多い。そのため、地名には方言を含むものが多い。

沖縄の場合、古くから使われているウチナーグチは、本土の言葉とはかなり違っている。このウチナーグチで付けられた地名をルーツとしている

Ⅰ　歴史の文化編　43

ため、そもそも沖縄発祥の名字は独特のものが多いのである。

二つめの理由は地理的な要因である。沖縄は、古くは独立した琉球王国であり、江戸時代は薩摩の属国として他国に人が動くことはなかった。明治以降は交流が始まったものの、戦後は米国の統治下になって、再び人の交流が途絶えていた。そのため、本土に移り住む人はいても、本土からまとまった数の人たちが移住してくることは少なかった。その結果、今でも沖縄の名字は県内をルーツとする名字がほとんどを占めている。近年は本土から移住して来る人が増えているが、まだ県全体のランキングに大きな影響を与えるほどの数にはなっていない。

沖縄の名字の特徴は「城」という漢字が多いことである。ただし、読み方はそれぞれで、大城、名城、花城、真栄城、山城、与那城など「しろ」と読むことが多いが、「ぐ」と読む宮城、「じょう」と読む金城もある。なかには、「たまき」と「たましろ」の両方とも多い玉城や、「しんじょう」「あらしろ」に分かれる新城という名字もある。

この他、「堅」「与」「覇」「当」「儀」「嘉」「喜」といった漢字も、本土の名字にはあまり多くない。そして、「与」は「與」、「当」は「當」という旧字体を使用する名字が多いのも沖縄の特徴の一つだ（本書では新旧の違いは同一とみなしている）。

さらに、江戸時代に薩摩藩の政策によって漢字表記を変えさせられたこともあり、賀数・嘉数、当間・当真、仲間・名嘉真・仲真、花城・波名城・玻名城など、読み方が同じで漢字が違うものも多い。

● **唐名と名字**

琉球王朝時代の沖縄は中国の影響を大きく受けている。中国は周辺各国との間で冊封という貿易を行っており、琉球王国もそのなかの一つであった。そのため、琉球政府の官僚たちは唐名という中国でも通用する「姓」を持っていた。「毛」「向」「呉」といったものがそうで、琉球全体で450ほどあったという。そして、この唐名とは別に地名に由来する名字があり、唐名と名字で一族を区別した。

同姓の氏族は門中といわれる同族集団を形成した。一つの門中では、代々名前の1字に同じ漢字を使用したが、同じ名字でも門中によって通字は異なっている。たとえば、習姓の具志堅家の通字は「幸」、允姓の具志堅家の通字は「用」で、今でもこの通字が使われていることが多い。たとえば、

ボクシングの元世界チャンピオン具志堅用高氏は允姓の具志堅家の出であることがわかる。

17世紀末、琉球政府は系図奉行を設置、門中の家譜の編集を開始した。内容は中国南部や朝鮮半島の族譜と似ており、日本の系譜類とはやや違った印象を受けるものが多い。

これらは第2次世界大戦で焼失したものも多いが、それでもかなりの数の家譜が現存している。そして、現代でも家譜を書き続け、門中誌という一族誌の刊行も盛んである。

沖縄で珍しい名字が多いのには歴史的政治的な理由もある。江戸時代初頭、徳川家によって薩摩・大隅両国と日向の一部だけに押し込まれた島津家は、南下して琉球王国に攻め込み、武力で支配した。もともと貿易立国で平和を謳歌していた琉球王国は、剽悍で鳴らした島津勢の前になすすべもなく、幕末までその支配下におかれることになる。そして、薩摩藩は、琉球人であることを明確にするため、「大和風の名字の使用禁止」と改名を強制している。たとえば、船越は冨名腰に、前田は真栄田に、という具合である。

明治以降、こうした名字の人たちの一部は本来の名字に戻したものの、200年以上もこの名字を使用してきたため、明治以降もそのまま使用し続けた人が多い。

◆沖縄県ならではの名字

◎小禄

琉球王家尚家の一族。尚真王の第一王子浦添王子朝満は世子ながら家を継ぐことができず、その子朝喬は浦添間切総地頭となる。三世朝賢の子は宗家を継いで尚寧王となり、朝賢は尚懿王といわれた。尚懿王の子朝盛は具志頭間切総地頭職となって、以後代々世襲した。1774年、尚穆王の四男宜野湾王子朝祥が家を継ぎ、その長男朝恒は小禄間切（那覇市）総地頭職となって小禄家を称した。

◎尚

琉球王家の名字。琉球では12世紀から按司と呼ばれる首長が各地に出現し、グスク（城）を築いて地域支配を始めた。そして、1429年に尚巴志が初めて全琉球を統一し、尚王朝を開いた。以後、明治時代までの400年以上尚王家は琉球を支配したが、1469年に第7代尚徳が死去すると宮廷内

でクーデターが起こり、不満分子が王の世子を追放して、家臣の金丸という人物を王に擁立した。金丸は王座につくと、尚氏の姓を継いで尚円と名乗っている。そのため、現在では尚円以降の尚氏を第二尚氏として呼んで、初期の第一尚氏と区別している。

◎今帰仁

琉球王家尚家の分家。尚育の三男朝敷は分家して具志川王子と称し、のち今帰仁間切（今帰仁村）に転じた。明治維新後は華族に列して今帰仁家を称し、のち男爵となった。

◎与世山

1600年に福建省から琉球を訪れた毛国鼎の末裔。1607年、中国との交易などにあたっていた中国人の住む久米村が衰退したため、国鼎はこれを補うために琉球に帰化した。国鼎は明との貿易にあたる一方学者としても知られ、琉球儒学の先駆者である「四先生」の一人に数えられる。与世山家は久米村毛姓一族の嫡流にあたる。

◎和宇慶

琉球の久米三六姓の一つ紅姓の本家。祖紅英が中国から渡来し、琉球王朝の通事となった。以後代々通事を務め、16世泰熙の時、中城間切和宇慶村（中頭郡中城村）地頭職となる。

◆沖縄県にルーツのある名字

◎伊江

伊江島総地頭。琉球王家尚清王の七男朝義が伊江島（国頭郡伊江村）総地頭職となったのが祖。以後、代々伊江島総地頭職を務め、伊江氏を称した。江戸末期に尚瀬王の四男朝直が伊江家を継ぎ、その長男朝永は明治維新後男爵を授けられた。

◎喜屋武

琉球王朝尚家の庶流。尚真王の四男朝福が喜屋武間切（糸満市）の地頭職となり、喜屋武氏を称したのが祖である。現在は那覇市周辺に多い。

◎具志堅

本部間切具志堅村（国頭郡本部町）に因む名字。17世紀から具志堅氏がいた。現在も本部町から名護市にかけて集中している。この他、南城市の旧知念村にも多い。

46

◎豊見城

　首里系毛姓の本家。読谷山間切の山田按司の子という護佐丸が、中城城に拠って中城按司となったのが祖である。1458年勝連城主阿麻和利按司に敗れて自害、幼児だった三男の盛親のみが脱出した。盛親は尚円王の時代に新たに取り立てられ、尚真王時代に豊見城間切（豊見城市）総地頭職となり、以後代々世襲した。

◎辺土名

　琉球王家尚家の庶流。今帰仁王子朝典5世の朝芳の二男朝智が大里間切与那原地頭職となったのが祖という。のち玉城間切総地頭職に転じ、以後、玉城親方を称した。朝薫は組踊の創始者として知られる。朝郁の時、辺土名親雲上となり、辺土名を名字とした。

◆珍しい名字

◎東江

　沖縄では、太陽が上がってくる方向の東を「あがり」といい、日の入りの方向の西は「いり」という。西表島の「西」を「いり」と読むのもこれに由来している。したがって東江は「あがりえ」と読む。他にも東里、東筋などがあるが、こうした琉球語の読み方を残した名字は今では少ない。

◎東新川・東小橋川

　琉球本島で「あがり」と読む東は、先島諸島では「あり」と読み、石垣島の東新川や東小橋川は、それぞれ「ありあらかわ」「ありこばしがわ」と読む。この他、与那国島には東久部良、東崎原という名字もある。また、竹富島では「あい」ともいい、同島にある東門は「あいじょう」である。

◎読谷山

　琉球の尚王家の一族。尚敬王の二男読谷山王子朝憲が祖。朝憲は摂政を務め、沖縄三六歌仙の一人にも選ばれている。以後、代々読谷山（中頭郡読谷村）按司を務めた。現在は「よみたんざん」と読む。

〈難読名字クイズ解答〉
①あいじょう／②ありこばしがわ／③うえず／④ぐしちゃん／⑤くしま／⑥こちんだ／⑦しいたけにし／⑧じっちゃく／⑨ずけらん／⑩たくし／⑪だくじゃく／⑫なかんだかり／⑬のは／⑭へんな／⑮やまのは

Ⅰ　歴史の文化編　　47

II

食の文化編

米/雑穀

地域の歴史的特徴

　南城市知念の久高島は、琉球の国土創成神であるアマミキヨが最初に降臨し、琉球に初めて麦、粟などの五穀をもたらしたとされる。ただ、大小160の島々が太平洋に南北に連なっているこの地域は、古来から台風や日照りの被害を受けやすいという悩みを抱えている。

　1872（明治5）年に琉球藩が設置された。1879（明治12）年には琉球藩を廃止し、沖縄県の設置が通告された。沖縄返還協定が発効し、施政権が日本に返還され、沖縄県が復活したのは1972（昭和47）年である。沖縄という県名の由来については、沖は岸から遠く離れたところで、ナハ（なわ）は①ナは魚、ハは場所で、魚の多く獲れる海、②ナハは平地、つまり平地の島、の2説がある。

コメの概況

　沖縄県の耕地面積に占める水田率は、東京都より低い2.2％で、全国の最下位である。平地が少なく、かんがい用水に利用できる川の少ないことなどが影響しているとみられる。このため、農業産出額の上位10品目には、肉用牛、サトウキビ、豚などが並んでおり、コメは入っていない。

　水稲の作付面積、収穫量の全国順位はともに46位である。収穫している市町村は、多い順に①石垣市、②伊平屋村、③竹富町、④伊是名村、⑤金武町、⑥名護市、⑦与那国町、⑧恩納村、⑨渡嘉敷村、⑩久米島町の10自治体だけである。県内におけるシェアは、石垣市52.6％、伊平屋村11.4％、竹富町9.0％、伊是名村8.9％などで、石垣市が県内全体の半分以上を生産している。

　沖縄県における水稲の作付比率は、うるち米97.2％、もち米2.6％、醸造用米0.2％である。作付面積の全国シェアをみると、うるち米は0.1％で全国順位が46位、もち米は0.04％で46位、醸造用米は0.01％で41位である。

沖縄県では、水稲を1年に2回、栽培し、収穫する二期作が行われている。作付面積でみると、第一期作は年全体の約70%、第二期作は約30%である。

知っておきたいコメの品種

うるち米

（必須銘柄）ちゅらひかり、ひとめぼれ

（選択銘柄）ミルキーサマー

　うるち米の作付面積を品種別にみると、「ひとめぼれ」が最も多く全体の78.4%を占め、「ちゅらひかり」（15.3%）、「ミルキーサマー」（3.5%）がこれに続いている。これら3品種が全体の97.2%を占めている。

- **ひとめぼれ**　第一期作の収穫時期は6月下旬を中心に5月末〜7月上旬で、「日本一早い新米」である。第二期作の収穫時期は10月下旬〜11月下旬である。
- **ちゅらひかり**　農研機構が「ひとめぼれ」と「奥羽338号」を交配して2004（平成16）年に育成した。ちゅらは美しいという意味の沖縄の言葉で、「ちゅらひかり」は輝くコメを表現している。いもち病などに強いため、減農薬、無農薬栽培向きである。第一期作の収穫時期は6月下旬を中心に5月末〜7月上旬で、「日本一早い新米」である。第二期作の収穫時期は10月下旬〜11月下旬である。
- **ミルキーサマー**　農研機構が「和系243」と「ミルキークイーン」を交配して育成した。沖縄県の二期作地帯や、暖地・温暖地の早期栽培地帯が栽培適地である。2010（平成22）年度に品種登録し、沖縄県で2011（平成23）年度から奨励品種に採用された。第一期作の収穫時期は、名護で6月下旬、石垣で6月中旬である。第二期作の収穫時期は、名護で10月下旬、石垣で10月中旬〜下旬である。

もち米

（必須銘柄）なし

（選択銘柄）なし

　もち米については品種別に把握されていない。

Ⅱ　食の文化編　51

醸造用米

（必須銘柄）なし

（選択銘柄）なし

　醸造用米の作付品種は全量が「楽風舞」である。

● **楽風舞**　農研機構が「どんとこい」と「五百万石」を交配し2011（平成23）年に育成した。清酒と泡盛の両方に適した沖縄県で初の酒造好適米である。台風銀座の沖縄で、倒伏しにくい。

知っておきたい雑穀

❶小麦

　小麦の作付面積の全国順位は43位、収穫量は44位である。主産地は、県内作付面積の74.1％を占める伊江村である。これに読谷村などが続いている。

❷キビ

　キビの作付面積の全国シェアは24.7％で、全国順位は岩手県、長崎県に次いで3位である。収穫量の全国シェアは20.4％で、全国順位は岩手県に次いで2位である。産地は竹富町（県内作付面積の59.2％）、粟国村（23.0％）、渡名喜村（17.9％）である。

❸そば

　そばの作付面積の全国順位は36位、収穫量は35位である。産地は伊江村などである。

❹大豆

　大豆の作付面積、収穫量の全国順位はともに47位である。

コメ・雑穀関連施設

● **カンジン貯水池**（久米島町）　地下に止水壁を設けてせき止めた地下水を凹地を利用して地表まで貯留している地表たん水型地下ダムによるため池である。2005（平成17）年に造成された。ため池周辺の水路や湿地棚田では、水生植物などを育て、富栄養物を緩やかに浄化する機能をもたせている。

● **仲村渠（ナカンダカリ）樋川**（南城市）　沖縄本島南東部に位置する南

城市玉城には、透水性の高い琉球石灰岩の台地から湧水が出る泉が多くある。その湧水を引いて水を貯える施設を樋川（ヒージャー）という。1912（大正元）年から翌年にかけて琉球石灰岩などを用いてつくり替えられた。集落の生活用水だったが、現在は農業用水の水源として活用されている。

● **受水走水（ウキンジュハインジュ）（南城市）** 南城市玉城字百名の海岸近くにある二つの泉で、西側を受水、東側を走水という。下流に御穂田（ミフーダ）と親田（ウェーダ）とよばれる田があり、沖縄の稲作の発祥地とされる。首里城の東方にある霊地を巡拝する東御廻り（アガリウマーイ）の行事で訪れる拝所の一つである。

● **金武大川（ウッカガー）（金武町）** 金武町は沖縄本島のほぼ中央に位置する。金武大川は並里集落の中央に位置する集落共同井泉である。1日の湧水量は約1,000トンと沖縄で最も多いとされる。どんな干ばつでも涸れることがない。水道が普及するまでは住民の飲み水の汲み場だった。現在は武田原一帯の水田の農業用水として活用されている。

● **羽地大川用水**（名護市、今帰仁村） 沖縄本島北部の名護市と今帰仁にかけての羽地大川地区は沖縄では数少ない米どころである。この地区の水源は、羽地大川に設けた特定多目的ダムの羽地ダムと、真喜屋大川に設けた農業専用の真喜屋ダムに依存している。名護市に立地した両ダムの受益面積は、142 ha の水田と 1,184 ha の畑地を合わせた 1,326 ha である。

コメ・雑穀の特色ある料理

● **クファジューシー** 豚肉や野菜を具にして、豚だしで炊き込んだ沖縄風の炊き込みごはんである。祝いや法事のどちらの席にも出される。沖縄は祖先崇拝の精神を強く受け継いでおり、法事は各家庭の仏前で、親類縁者が大勢参加して行われる。

● **フーチバージューシー** フーチバーはヨモギで、ジューシーは雑炊と訳されるが、沖縄のジューシーは汁ものに残ったご飯を入れて煮るのではなく、コメから炊き上げる炊き込みご飯である。九州の方言ではヨモギをフツとすることが多く、フツの葉がフーチバーに転訛したらしい。ヨモギは薬草である。

● **海ブドウ丼** 海ブドウは沖縄本島や宮古島などに生息している海藻で、

II　食の文化編　53

正式にはクビレズタという。その姿が果物のブドウに似ているため海ブドウとよばれる。「グリーンキャビア」ともいわれる。海ブドウ丼は海ブドウをご飯の上にのせて三杯酢をかけたものである。

- **おにポー**　ポーはポーク（豚肉）、「おに」はおにぎりである。直訳すれば、豚肉のおにぎりだが、卵焼きも使う。形は、おにぎりにポークと卵焼きをのせたものや、ご飯の間にポークや卵焼きを挟んだものがある。米軍の兵士が食べていたものが、沖縄の人々の好みに合い、普及した。

コメと伝統文化の例

- **多良間の豊年祭**（多良間村）　宮古島と石垣島の中間にある多良間島に伝わる五穀豊穣を祈願する祭りで、別名は「8月踊り」である。人頭税を無事に納め終えたことを祝い、翌年の豊作を祈願したのが起源である。獅子舞、棒踊り、明治時代に島に入った組み踊りなどが披露される。開催日は毎年旧暦の8月8日〜10日。

- **ウンガミ（ウンジャミ）**（大宜味村）　海のかなたにあると信じられているニライカナイから神を迎え、豊穣や村の繁栄などを祈願する行事で、塩屋・白浜など4集落が共同で行う。イノシシ狩りの模擬儀礼などの後、農作物を荒らすネズミを海へ流す。漢字では海神祭と書き、ウンガミともいう。開催日は毎年旧盆明けの初亥の日。大宜味村以外に、国頭村比地、今帰仁村古宇利など沖縄本島北部を中心に行われている。

- **糸満大綱引き**（糸満市）　豊年と害虫駆除、大漁などを祈願する神事で、南北に分かれた雌雄の綱の結合によって実りを予祝する。大綱は当日つくる。綱づくりに用いる稲わらの総重量は約10トン、綱の太さは結合部付近が最大で直径1.5m、長さは雌雄合計180mである。開催日は毎年旧暦の8月15日。

- **ウスデーク**（沖縄市など）　五穀豊穣などを祈り、女性だけで円陣になって踊る奉納舞踊である。300年以上の伝統がある沖縄市知花のウスデークは1番から12番まである。国の伝統工芸品に指定されている知花花織の着物を着けて踊る。鼓を持って踊る主役の踊り手は80歳を超えた女性だけである。開催日は毎年旧暦の8月15日。ウスデークは沖縄市知花以外にも、沖縄本島各地で行われている。

- **種子取祭**（竹富町）　タネドリ、タナドゥイなどといわれる。種を播き、

それが無事に育って豊年になることを祈願して、約70の伝統芸能を神々に奉納する。約600年の伝統がある竹富島最大の祭事である。国の重要無形民俗文化財の指定を受けている。奉納芸能の開催は毎年旧暦の9月の庚寅、辛卯の2日間が中心。

こなもの

さーたーあんだぎー

地域の特色

日本最南端に位置する県である。主な島は沖縄島であり、そのほか宮古・石垣・西表(いりおもて)などの島からなる。亜熱帯に属する。

15世紀に琉球王国が成立し、16世紀には奄美から八重山までの島々を支配し、海洋貿易国として栄えた。とくに中国との交易は、中国のいろいろな文化の影響を受けた。その17世紀初頭には、琉球王国は薩摩藩に征服され、明治時代に沖縄県となった。昭和に入り、第二次世界大戦後、一時アメリカの占領下におかれた。昭和47（1972）年に日本に復帰した。

食の歴史と文化

沖縄は、琉球王国時代に中国との交易が盛んであったので、現在の食生活の中にも中国の食文化の影響がみられる。豚肉料理などには、中国料理風なところが多くみられる。

農業ではサトウキビの生産が多く、それを原料とした製糖は、沖縄の貴重な産業となっている。

郷土料理には、ゴーヤチャンプルなど混ぜて炒める料理がある。沖縄の文化はチャンプル文化ともいわれている。それは「混ぜる文化」の意味である。琉球王国時代から中国と交流を引き継いだ料理には、ソーキ汁、イラブ汁などの豚肉料理が多い。

沖縄そばは日本そばではなく、小麦粉に灰汁(あく)を加えて捏ねて作る麺である。スープは豚骨スープに鰹節のだしを使うのが特徴である。沖縄の代表的な菓子には、「サータームギナ」という揚げドーナツがある。小麦粉に砂糖、卵、膨張剤を入れて軟らかい団子にし、油で揚げたものである。

沖縄の菓子には2つの系統がある。一つは昔の琉球王国時代の流れの琉球菓子、もう一つは沖縄の庶民のおやつとして作られた菓子である。庶民の菓子には小麦粉、砂糖、卵を、混ぜて作る菓子やいもデンプンを使った

菓子が多い。

　昔からサツマイモの本場として知られている沖縄で、サツマイモを原料として菓子を作るようになったのは第二次世界大戦後であった。日本は古くからの「おやつ」にサツマイモを使ったものが多かったが、近年、紫芋が人気となり、サツマイモの利用法が工夫されると、サツマイモそのものを利用した菓子類が登場し、とくに、沖縄の紫芋を利用した洋菓子風のものは、沖縄の地域興しに大いに貢献している。とくに有名なのが、ムラサキイモを使ったタルトで沖縄の菓子として位置を確保した。

　これまで、沖縄にはサツマイモの菓子がなかったのは、料理人には琉球王国に勤める人が多かったので、食材としてサツマイモに気がつかなかったのである。第二次世界大戦後、内地や海外との交流が盛んになり、いろいろな料理の技法を会得した人たちが増え、新しい沖縄の食文化が築き上げられている。

知っておきたい郷土料理

だんご類

①いももち

　宮古島で作るだんごである。煮たサツマイモに小麦粉と水を加えて、木臼で粘りがでるまで搗く。さらに水を加えた小麦粉を加えて練る。これを、臼で搗いて粘りのでたイモに加えて、さらに搗いてから平らのだんごの形にし、熱湯に入れて茹でる。茹で上がっただんごは、熱いうちに黄な粉や黒砂糖をまぶす。

②ウムクジムチ

　彼岸や清明祭（シーミー）、7月の盆に作る。煮たサツマイモにサツマイモデンプンを加え、小判型にし、油で揚げたもの。

お焼き・焼きおやつ・お好み焼き・たこ焼き類

① ひらやちー（ヒラヤチー）

　ひらやーち（ヒラヤーチ）ともいう。八重山群島周辺ではナビハンビンという。石垣島のほうでは、古くからハンビンとは「芯のはいらない天ぷ

ら」の意味なので、ナビハンビンとは薄焼き天ぷらの意味がある。ナビは日本語の鍋（なべ）に由来する言葉で、ビンは「餅」の中国読みである。琉球王国時代に中国から受けた影響が、今なお続いていることが分かる。ヒラヤチーまたはヒラヤーチは、平たく焼いたものの意味で、沖縄風お好み焼きである。お好み焼きといっても広島風や関西風のお好み焼きのような決まったスタイルはない。

　薄く焼いたひらやちーは、地域や店により提供の仕方が異なる。那覇では2枚重ねのひらやちーを提供し、広島の「オタフクソース」に似たソースがひらやちーの表面に塗ってある。焼く道具はフライパンであり、普通のお好み焼き店のような鉄板ではないので、作り方が難しいようである。人気のひらやちーは、水溶き卵にニラを入れて混ぜ、少量の食塩を入れて小麦粉を加えたもの。細切りした紅ショウガをトッピングに使うのは、どこのお好み焼きでも定番の方法のようである。もちろん、沖縄お好み焼きにも紅ショウガをトッピングする。

　ひらやちーにまぜる具は家庭により異なる。ニラとネギを入れるところが多い。ソースはウスターソース系のものが多い。ニラやネギは1〜2cmの長さに切り、小麦粉・卵・カツオ節だし汁を混ぜて溶き、塩・コショウを加えてからツナの油漬け缶詰を混ぜる。この生地をフライパンで薄く焼く。

　おやつや夜食用として利用することが多い。

②ぽーぽー（炮炮）

　中国の料理の影響を受けている料理である。小麦粉で作った皮でアンダンスー（油味噌）を包み、丸めたもので、昼食やおやつに利用する。昔は、5月4日のユッカヌフィー（豊漁祈願）のハーリー＜カヌー競争＞祭りの日）に、家庭で作られた。小麦粉の生地にはベーキングパウダーを加えるので、軟らかい生地となる。アンダンスー（油味噌）の食材は、［豚三枚肉・白味噌・砂糖・ショウガ汁・サラダ油］である。

③アンダーギー

　沖縄の揚げ物料理の一つで、亜熱帯の沖縄独特の天ぷらといえる。小麦粉に卵を大目に入れた濃い目の衣を作り、厚めの衣を具につけて油で揚げる。衣には味をつけておく。材料には豚肉、マグロ、グルクンなどの白身魚、ニンジン、サツマイモ・ゴボウ・ニガウリ・ニラ・ヘチマ・キクラゲ

などを使う。食べるときには、天つゆは使わない。揚げてから時間が経っても硬くならないのも特徴である。

④きっぱん（桔餅）

　琉球王朝時代の1731年頃、中国から伝わったもので、闘鶏餅、鶏卵糕の材料に使われた。クニブ（九年母、クネンボ）などのかんきつ類の実に砂糖を加えてじっくりと煮詰め、砂糖の衣で覆っている。実の表面は、果汁を搾ってから皮を細く刻む、その後も長時間、砂糖で煮詰め、直径5cmほどの餅状に丸めて乾燥させる。仕上げに真っ白な砂糖で表面を覆ったもので、餅のように見える。

⑤ちんすこう

　金楚糕、珍楚糕と書く。琉球王国時代から沖縄県で作られている伝統的菓子の一つである。沖縄の代表的土産である。小麦粉、砂糖、ラードを主原料とした焼き菓子である。ビスケットのような食感はあるが、その甘さについては個人差がある。この菓子が作られるようになったきっかけは、蒸しカステラを沖縄の気候風土に合わせたものに作り上げたという説、シルクロードを渡ってきたポルトガルのボーロを真似て作ったという説がある。琉球王朝時代の王族や貴族のみが、祝い事のときに食べたという説もある。

小麦粉やヤマイモの粉を使った沖縄の菓子

- サーターアンダーギー　小麦粉・砂糖・鶏卵・豚油・重曹を混ぜて捏ね合わせ、軟らかめの生地をつくり油で揚げたもの。
- 三月菓子　小麦粉・砂糖・鶏卵・豚油・重曹を混ぜて捏ねた生地を長方形にし、表に2〜3本線を入れて、油で揚げたもの。
- ちんぴん　小麦粉を水で溶き、これに黒砂糖を加えた生地を、広げて焼いたもの。丸めて食べるが、中には何もいれない。
- ぽーぽー　小麦粉を水で溶き、これに白砂糖を加えた生地を広げて焼く。丸めて食べる。
- かるかん　山芋・もち米・砂糖（黒砂糖）、重曹を混ぜて、形をつくる。蒸し器の底にサンニンの葉を敷き、その上に生地をのせて蒸す。
- ウムクジムチ　ウムクジ（芋のでんぷん）と砂糖に水を少しずつ加えな

Ⅱ　食の文化編　　59

がら捏ね、熱した鍋で混ぜて炊き、ハッタイ粉をまぶして仕上げる。

- ウムクジガリガリ　芋のでんぷん・炊いた芋と砂糖を材料とした揚げ菓子。
- ウムナントゥー　山芋・サツマイモ・黒砂糖・少々の食塩・少々のゴマを混ぜて捏ねて生地を、サンニンの葉にのせて、鍋で蒸したもの。出産の祝いに作る。
- ヤマウムナントゥー　すった山芋・玄米粉・黒砂糖・重曹・卵白を混ぜて捏ねた生地をサンニンの葉にのせて、鍋で蒸したもの。
- ナントウーンス　もち粉・ザラメまたは黒砂糖・味噌・ピーナッツバター・サンニンの葉、ショウガ・ゴマを入れた菓子。正月やお祝いの菓子として作られる。
- ちんすこう　砂糖・豚脂・小麦粉を混ぜ、捏ね合わせた生地を木型で抜き取り焼く。
- 花ぼうる　小麦粉・砂糖・鶏卵を捏ね合わせ花形につくる。茶菓子や法事に使われる。
- タンナファクルー　小麦粉と黒砂糖、鶏卵などを混ぜて作る焼き菓子である。

麺類の特色

　　　沖縄で小麦粉を原料とした麺料理が広く知られるようになったのは、明治時代の後期である。本土出身の中国人の調理人が、那覇でシナそば屋を開いたのが、沖縄そばのはじめのようである。明治時代に、沖縄からハワイ島への多くの人が移民したためか、沖縄でのそば屋としては沖縄めんの店が多い。

　沖縄そばの麺は、そば粉を使わないで、小麦粉にかん水を加えて作るので、コシが強くラーメンの食感に近い。濃厚な豚骨スープに鰹節のだし、具には豚の三枚肉、蒲鉾、薬味としてコーレーグス（島トウガラシの泡盛漬け）を使う。

　沖縄の人は、昼食や間食に沖縄そばをよく利用する。

めんの郷土料理

①そーうみんぷっとぅるー

　そうめんは茹でて塩味をつける。鍋に刻んだ豚の脂を入れて熱してから、水を切ったそうめんをいれ、さらに刻んだネギも散す。中華料理のビーフンに似た料理。

②そーみんちゃんぷるー

　そうめん、豚肉、ネギを、たっぷりの油で炒めたもの。

▶日本における熱帯果実の宝庫
くだもの

地勢と気候

沖縄県は日本列島の西南部に位置し、九州と台湾の間に弓状に延びる琉球弧に属している。南北500km、東西1,000kmに及ぶ広大な海域をもち、大小120の島々で構成される。島々は、沖縄群島、宮古群島、八重山群島に大別される。

気象は亜熱帯に属し、黒潮の関係で冬季でも暖かく、年間を通して気温の変化は少ない。沖縄は台風の進路の転向点になることが多く、その影響を受けやすい。昔から家の周りにフクギを植え、石垣で囲んで強風に備えてきた。

知っておきたい果物

マンゴー マンゴーの栽培面積、収穫量の全国順位はともに1位である。全国シェアは栽培面積で59.7％、収穫量で48.0％である。主産地は宮古島市、石垣市、豊見城市などである。収穫時期は5月下旬～9月中旬頃である。

パインアップル パインアップルの栽培面積、収穫量の全国順位はともに全国1位である。栽培面積は490haである。主産地は東村、石垣市などである。収穫時期は4月下旬～10月下旬頃である。

ピタヤ ドラゴンフルーツともいう。ピタヤの栽培面積、収穫量の全国順位はともに1位である。全国シェアは栽培面積で54.0％、収穫量で70.6％である。主産地は石垣市、糸満市、宮古島市などである。収穫時期は5月上旬～12月下旬頃である。

シークワーサー シークワーサーの栽培面積、収穫量の全国順位はともに1位である。沖縄県の占有率は、栽培面積で94.9％、収穫量で99.7％ときわめて高い。主産地は大宜味村、名護市、本

部町などである。収穫時期は、青切りが8月上旬～11月下旬、生食が12月中旬～1月下旬頃である。

パッションフルーツ

パッションフルーツの栽培面積、収穫量の全国順位はともに鹿児島県に次いで2位である。主産地は恩納村、糸満市、石垣市などである。収穫時期は1月上旬～8月中旬頃である。

バナナ

バナナの栽培面積、収穫量の全国順位はともに鹿児島県に次いで2位である。全国シェアは栽培面積で45.9％、収穫量で44.3％である。主産地は南風原町、宮古島市、石垣市などである。出荷時期は5月中旬～12月中旬頃である。

パパイヤ

パパイヤの栽培面積の全国順位は鹿児島県に次いで2位、収穫量は1位である。全国シェアは栽培面積で34.5％、収穫量で57.7％である。主産地は石垣市、南城市、豊見城市などである。

タンカン

タンカンの栽培面積、収穫量の全国順位はともに鹿児島県に次いで2位である。全国シェアは栽培面積で23.3％、収穫量で13.6％である。主産地は本部町、名護市、国頭村などである。収穫時期は1月上旬～2月下旬頃である。

レイシ

ライチともいう。レイシの栽培面積、収穫量の全国順位は、ともに鹿児島県、宮崎県に次いで3位である。主産地は糸満市、中城村などである。

ポンカン

ポンカンの栽培面積の全国順位は18位、収穫量は19位である。主産地は本部町などである。

不知火

不知火の栽培面積、収穫量の全国順位はともに23位である。主産地は久米島町、名護市などである。

アテモヤ

アテモヤは沖縄県と鹿児島県だけで生産している。栽培面積、収穫量の全国順位はともに1位である。シェアは栽培面積で66.3％、収穫量で85.6％である。主産地は恩納村、糸満市、本部町などである。収穫時期は9月上旬～4月下旬頃である。

アセロラ

農林統計によると、主な生産地は沖縄県だけである。栽培面積は7.3ha、収穫量は23.3トンである。主産地は糸満市、本部町、石垣市などである。収穫時期は4月中旬～10月下旬頃である。

Ⅱ　食の文化編　63

アマクサ アマクサの栽培面積の全国順位は愛媛県に次いで2位、収穫量は4位である。沖縄では「あまSUN」の名前で販売している。主産地は名護市、うるま市、沖縄市などである。出荷時期は12月上旬～1月中旬頃である。

オオベニミカン 大紅ミカンとも書く。農林統計によると、主な生産地は沖縄県だけである。栽培面積は4.7ha、収穫量は21.1トンである。主産地は本部町、名護市、国頭村など本島北部である。

オートー 農林統計によると、主な生産地は沖縄県だけである。栽培面積は0.8ha、収穫量は1.7トンである。主産地は本部町、名護市などである。

カーブチー 農林統計によると、主な生産地は沖縄県だけである。栽培面積は3.8ha、収穫量は5.6トンである。主産地は本部町、名護市、国頭村など本島北部である。

ゴレンシ ゴレンシはスターフルーツともいう。農林統計によると、主な生産地は沖縄県だけである。栽培面積は1.7ha、収穫量は26.4トンである。主産地は南風原町、南城市、豊見城市などである。

マーコット マーコットの栽培面積は全国の36.7％を占め熊本県に次いで2位である。収穫量では全国の6.0％と4位である。主産地は国頭村と名護市などである。

スイカ スイカの作付面積、収穫量の全国順位はともに21位である。出荷量は県内では今帰仁村が圧倒的に多い。宮古島市、本部町、国頭村なども産地である。出荷時期は12月上旬～3月中旬と4月中旬～9月上旬頃である。

ビワ ビワの栽培面積の全国順位は大阪府と並んで21位である。収穫量も21位である。主産地は沖縄市などである。出荷時期は3月上旬～4月中旬頃である。

ミカン ミカンの栽培面積の全国順位は22位、収穫量は25位である。主産地は名護市、国頭村、本部町などである。出荷時期は8月下旬～10月上旬頃である。

スモモ スモモの栽培面積の全国順位は鳥取県と並んで41位である。収穫量の全国順位は42位である。

ブドウ　　ブドウの作付面積、収穫量の全国順位はともに47位である。主産地は今帰仁村などである。

メロン　　メロンは宮古島市、読谷村などで生産されている。出荷時期は12月上旬〜3月上旬と5月上旬〜6月上旬頃である。

地元が提案する食べ方と加工品の例

果物の食べ方

カクテル風マンゴージンジャー（沖縄県県産食材普及事業）

　ゼラチンを湯で溶かし、冷ましてジンジャーエールを流し込み、冷蔵庫で冷やし、固める。器に盛り、その上にカットしたマンゴーをのせ、トッピングにサクランボなど。

ドラゴンフルーツのパルフェ（沖縄県県産食材普及事業）

　ドラゴンフルーツをミキサーでピューレにし、生クリームなどを加え、混ぜて丸筒型に流し、冷やし固める。器にブルーベリーソースなどを入れ、これを型から抜き、盛る。

シークワーサー水まんじゅう（沖縄県県産食材普及事業）

　葛粉、上白糖、水を中強火で練り上げてシークワーサーの果汁を加え、型に入れる。その際、白あんとシークワーサーの皮をおろして丸め中央に入れる。1時間以上冷やす。

タンカンのパンプディング（沖縄県県産食材普及事業）

　タンカンを横半分に切り中身を取り出す。牛乳、角切りした食パン、レーズン、タンカンの中身をボウルで混ぜてタンカンの皮に入れ、フライパンで弱火にして蒸し焼きに。

パパイヤイリチー（沖縄県県産食材普及事業）

　皮と種を取り除いたパパイヤとニンジンを千切りしてサラダ油で炒め、塩、コショウで味を調え、カツオ節を入れて、混ぜる。約3cmに切ったニラを加えて軽く混ぜ、火を止める。

果物加工品

● パッションフルーツジュース
● パッションフルーツジャム

Ⅱ　食の文化編　　65

- アセロラジュース
- アセロラゼリー

消費者向け取り組み

- タンカン狩り　本部町、1月～2月

地域の特性

沖縄県は、九州から台湾まで延びる南西諸島（琉球弧）の南半分を占める。県域はすべて島嶼（とうしょ）からなり、沖縄・宮古・八重山・尖閣（せんかく）・大東諸島を含み約160の島々から構成されている。海には珊瑚礁もみられる。気候は亜熱帯性の海洋で、梅雨は6月下旬に明け、10月中旬まで長い夏となる。黒潮の流れる太平洋や沿岸の珊瑚礁などは好漁場である。

魚食の歴史と文化

沖縄には、13世紀頃に仏教が伝わり、寺院の建立や僧侶を優遇した時代もあった。仏事の形式を取り入れているが、仏教の教義である殺生禁止令は出されなかったので、人々の生活には肉食禁止の戒律や肉食禁避の思想も浸透せず、先史時代から今日まで肉食タブーのない生活を営んできている。16世紀には奄美から八重山までの島々を支配下におさめ、海洋貿易国家として栄えた。琉球王国は、中国、朝鮮、東南アジア諸島、日本本土との交易を展開していた。

このような食文化の成立には、中国文化の影響も深い。15世紀に沖縄が琉球王国として統治されると、19世紀半ばまでは中国の習俗にさまざまな面でしたがっていた。琉球王国時代は馬、牛、山羊、豚、あひるなどを飼育し食用としており、19世紀には、今日のような豚肉中心の食文化が形成された。当時の沖縄の人々の生活は、サツマイモとみそ汁を常食とし、たまに豆腐や魚のみそ汁を食べるという質素な生活であっただけに、正月には豚肉料理を必ず食べるという習慣は、重要なたんぱく質の補給源でありご馳走でもあったのである。

現在の沖縄の調理法にも、必ず加熱するという中国料理文化と共通するところがある。獣肉類、海産物、野菜などの材料を組み合わせ、加熱して溶出する栄養成分が混ざり合ったスープが珍重されている。豚足とコンブ

II　食の文化編　67

を鶏のだしで煮込み、そのスープを煎じ物として珍重され、アオリイカ（白イカ）と豚肉を煮込み、イカ墨を入れたスープなど沖縄の名物料理があげられる。

知っておきたい伝統食品・郷土料理

地域の魚介類
沖縄の魚市場には、青・赤・緑などの色鮮やかな多種多様の魚類が多い。全体的に脂肪含有量が少ないので味は淡白なのが特徴。沖縄の代表的な魚のグルクン（たかさご）は珊瑚礁の海によく合う薄い紅色の魚である。沖合・沿岸漁業では、マグロ類をはじめ、ほかにソデイカ・カジキ・カツオ・ブダイなどが水揚げされる。養殖については、モズクの生産量は全国的にほとんどのシェアを占めている。クルマエビ・スギ（クロカンパチ）なども盛んに行われている。ウミブドウ（クビレツタ）やイラブーなど沖縄特有な食材が利用されている。沖縄の海産物料理にはコンブと組み合わせた料理が多いのが特徴である。豚肉料理には、必ず副材料としてコンブを使うのも沖縄の食文化の特徴である。豚足とコンブを一緒に長時間煮る料理は、豚肉のたんぱく質とコンブの食物繊維が摂取できる。沖縄の人々は、コンブ、ワカメ、アオサ、ヒトエグサ、モズクへの嗜好が高い。コンブの摂取量は日本一である。海藻類の多糖類が豚肉由来の脂質を抑制しているのではないかとも考えられている。

伝統食品・郷土料理

①海藻料理
沖縄の人々は、昔から数多くの種類の海藻を日常的に食べている。沖縄に生息していないコンブの利用が日本一であるのは、18世紀頃、北海道から日本海を航海する北前船によって沖縄までコンブを運んだことによる。沖縄に長寿者が多いのは食物繊維やミネラルの多いコンブを中心としていろいろな海藻を食べているからといわれている。

- 海ぶどう　正式名はクビレズタ（caulerpa）という。ポリネシア、フィリピンなどの熱帯に広く分布する。日本では宮古島、久米島など限られた海域に自生する。沖縄で栽培が試みられたのは、1970年代後半である。海底を這う茎状部からでる体高が5～10cm の直立枝を、直径2mm ほ

どの小さな球状の小囊_{しょうのう}が密に覆っている。その形状や食感から海ぶどう、グリーンキャビア（green caviar）ともよばれている。栄養上の特記すべき成分はない。生のものは低温流通のため、限られた地域で利用されている。市販品は塩蔵のものが多い。塩蔵品は流水で塩抜きして用いる。独特の歯応えと風味が楽しめる。酢の物、海藻サラダ、ワサビ醤油で食べる。

- **昆布の炒め煮**　沖縄では「くーぶいりちー」という。豚の茹で汁（だし）が昆布をより一層美味しく仕上げる炒め煮。ご飯のおかずにも酒の肴にも重宝されている。水で戻した刻み昆布、豚の三枚肉、コンニャク、油揚げ、赤色の沖縄蒲鉾を混ぜて炒め煮にする。醤油、砂糖、味醂、酒、塩で調味したもの。

- **モズク**　直径1mm以下の細い糸状の海藻で、緑から黄緑色をしている。複雑に枝分かれし、粘質で軟らかく、ちぎれやすい。栄養的には食物繊維の役割をもっている。春から初夏に、爽やかな磯の香りを楽しむ海藻である。一般には、生のモズクを三杯酢や甘酢で賞味するが沖縄では雑炊に入れる。塩蔵品は水で塩出ししてから食べるが、沖縄では養殖も行われている。

- **アーサ汁**　アーサはヒトエグサのこと。春に採れ、乾燥するので一年中出回っている。アーザは水で戻し、ダシはカツオ節でとる。具にはアーサのほか、豆腐を入れる。

②沖縄蒲鉾

グルクン（タカサゴ）など沖縄近海で漁獲される魚を原料とする。紅白の蒲鉾は正月には欠かせない。卵の入った食感のかるいカステラも沖縄蒲鉾の特徴である。

③魚介料理

沖縄の海は日本唯一の熱帯性に属することから、魚市場では赤、青、緑などの色鮮やかな多種多様の魚が売られている。一般に、熱帯の魚は、寒いところの魚に比べて脂質含有量が少なく、味は淡白である。魚汁は病後の栄養補給や産後の体力増強のために利用される料理である。

- **イカスミ汁**　シルイチャー（アオリイカ）の墨汁の入った汁で、カツオだし汁の中にイカの身肉、豚もも肉、ンジャナバーという苦菜、を加える。味付けは塩で行う。沖縄では、このいか墨汁をササグスイ（下げ葉）

II　食の文化編　　69

といい、下痢、のぼせや頭痛を治すのによく、血圧を下げる効果もある
して利用されている。この汁には脂質含有量も多く、体によい不飽和脂
肪酸（EPA や DHA）を含んでいることが明らかになっている。カツオ
節のだしやイカの旨さと脂肪の滑らかさがバランスよく賞味できる。

- **イラブー汁**　イラブーシンジ、えらぶうみへびの煎じ汁をとり、これに
豚足、骨付きの鶏肉、コンブ、大根、塩、醤油、泡盛を入れた煮込んだ
汁物。昔から滋養強壮によい高級料理として珍重されている。ダシ（イ
ラブーシンジ）は次ぎのようにして調製する。燻製し乾燥したウミヘビ
は、10cm の長さに切り、コンブでバラバラにならないように外側を巻き、
鍋に入れて 4〜5 時間煮てダシ（イラブージンジ）をとる。ダシをとっ
たらコンブをはずす。

- **アバサー汁**　アバサーはハリセンボンのこと。鍋にハリセンボン、泡盛、
ショウガ、水を入れて煮る。一煮立ちしたら、ヨモギの葉をちぎって入
れ、味噌仕立ての汁に仕立てる。

- **魚のマース煮**　マースは塩のこと。一尾魚をまるごとの塩と酒をだけで
煮る料理。

- **グルクン**　学名はタカサゴ（高砂）で、グルクンは沖縄県の地方名。沖
縄の県魚となっているほど、沖縄を含む南西諸島では大切な食用魚であ
る。主として塩焼き、から揚げで食べる。沖縄蒲鉾の原料ともなる。

- **アイゴの塩辛**　アイゴは日本の南西海沿岸の岩礁域に生息する約30cm
のスズキ科の魚。この幼魚（1〜2cm）を沖縄ではスクという。スク
の塩漬けが沖縄に古くから伝わる「すくがらす」である。味は淡白であ
るが、焼酎の肴に利用される。成魚は、塩焼き、から揚げで食べる。

肉 食

▼那覇市の1世帯当たりの食肉購入量の変化 (g)

年度	生鮮肉	牛肉	豚肉	鶏肉	その他の肉
2001	39,142	7,883	17,080	9,646	3,136
2006	40,651	6,997	18,206	9,419	3,743
2011	39,671	6,495	17,854	10,623	2,555

　沖縄県には、九州から台湾に伸びる南西諸島のうち、沖縄諸島、先島諸島、大東諸島が含まれる。一般には、沖縄本島を主体に民族、食文化などを考えるが、一つひとつの島々によって、環境、島で栽培している農作物や水産物が異なるので、自ずと民族・食文化も異なる。

　沖縄県は冷涼な気候に適した食材の入手は比較的困難で、亜熱帯性の食材が多い。沖縄の食文化は、地理的に近い鹿児島の料理に似ているところもあり、琉球王朝時代の中国との貿易が盛んであったため、中国の料理や台湾の料理に近いところもあるので、沖縄独自の豚肉や牛肉料理が多々存在している。とくに、暑い地域であるから生食よりも煮込み料理が多い。

　2001年度、2006年度、2011年度の「家計調査」から沖縄県と沖縄県の県庁所在地那覇の1世帯当たり生鮮肉購入量にはやや違いがみられる。沖縄県の2001年度と2011年度の生鮮肉の購入量は、那覇市より多くなっている。牛肉、豚肉の購入量は沖縄県も那覇市も2001年度が多くなっている。2011年度の鶏肉の購入量は、2010年に本州で発生した家畜・家禽の感染症の発症にも関わらず、鶏肉の購入量は多くなっている。

　2001年度、2006年度、2011年度の那覇市の1世帯当たりの、生鮮肉購入量に対する豚肉購入量の割合は43.6～45%である。豚肉の使用量は非常に多いことが理解できる。牛肉の割合は16.6～20.1％で、鹿児島よりわずかに多い。

凡例　生鮮肉、牛肉、豚肉、鶏肉の購入量の出所は総理府発行の「家計調査」による

知っておきたい牛肉と郷土料理

銘柄牛の種類

❶もとぶ牛

　沖縄県北部の八重岳の麓の「もとぶ牧場」で飼育している黒毛和種。肉質は、甘さと軟らかさがあり、（公社）日本食肉格付協会が認定した3等級以上のものが「もとぶ牛」として流通している。沖縄のオリオンビール会社から出るビール粕を独自の方法で発酵させて飼料化し、与えている。

❷石垣牛

　八重山郡内で生産・育成された黒毛和牛で、約20か月以上肥育管理された去勢牛である。今では沖縄県の銘柄牛として知られている石垣牛がブランド化したのが1971（昭和46）年である。それまでは長い間、役牛として飼育していたと推測する。石垣島は、牛の生育・繁殖に最適の環境で優秀な黒毛和種が生育している。ヒレの肉質は、脂肪分が少なく、サーロインの肉質はサシが充実して評価が高い。

知っておきたい豚肉と郷土料理

❶あぐー豚・アグーブランド豚

　アグーは今から約600年前に中国から導入し、沖縄で飼育している小形の在来種である。脂肪組織には甘みとうま味があり、肉質は霜降り肉である。現在流通しているアグーブランド豚は、アグー（♂）と西洋豚（♀）の交配したもので、沖縄県アグーブランド推進協議会が認定したものである。沖縄の伝統料理には欠かせない。一般の煮込み料理や炒め物に使うほか、塩漬け豚の「スーチカ」、泡盛と黒砂糖で煮込む「ラフテー」には欠かせない。アグー豚は幻の島豚といわれ、入手が難しい。

豚肉料理　角煮（ラフテー）、ソーキ（骨の部分の煮込み）、ミミガー（耳の軟骨料理）、チラガー（頭部の皮を利用した料理）などにして、鳴き声の他は全部食べられるといわれるほど捨てるところなく食べる。

● **ラフテー**　沖縄の代表的な郷土料理。豚の角煮に似る。皮付きのバラ肉を醤油と砂糖、そして特産のお酒の泡盛を入れて煮る。箸で切れるほど

軟らかく煮てある。とろけるような食感がある。

- **ミミガー**　ブタの耳。表面の毛を焼いて取り除く。茹でて酢味噌や和え物、炒め物に使う。また、蒸して細く切り刺身として提供することも多い。これをジャーキー風に仕上げたミミガージャーキーもあり、お土産に最適。

- **みぬだる**　豚肉の胡麻蒸し。豚肉に黒ゴマをまぶすと、胡麻の風味が豚肉につき上品な味わいの肉となる。蒸した豚肉は、食べやすい大きさに切り、すり潰した胡麻、砂糖、醤油、泡盛で調味したタレをつくり、このタレを付けて食べる。

- **ククメシ**　豚のもも肉を入れた炊き込みご飯。

- **ソーキ汁**　ソーキ骨汁ともいう。ソーキ骨とは豚のあばら骨のついた肉。昆布・ダイコンと煮る。

- **中身の吸い物（中身汁）**　中身とは、豚の小腸・大腸・胃をいう。これを潮・糠でよくもみ洗いし、長時間茹でて軟らかくなってから吸い物の材料にする。沖縄の八重山にしかないひふぁち（ヒハツ）という香辛料を使うと風味が引き立つ。

- **チムシジン**　ブタの肝臓、豚肉、沖縄ニンニクなど沖縄の野菜や香辛野菜を入れて煮込んで、病人のための健康ドリンク。

- **トウルワカシー**　沖縄の田芋、豚肉の煮込み料理。どろどろになる。

- **ナーベーラーンブシー**　ナーベーラーンブシーはヘチマと豚バラ肉の煮込み料理。

- **クファジューシー**　沖縄では新米がとれたときのご馳走にクファジューシー（豚のバラ肉の炊き込みご飯）を作る。具は豚のバラ肉のほか、シイタケ、ニンジンなど沖縄の野菜を入れる。

- **いなむどぅち**　沖縄の郷土料理。お祝いのときに作る具だくさんの味噌汁。豚の三枚肉、かまぼこ、ニンジン、昆布、その他いろいろな食材を入れてつくる。

- **足ティビチー**　ブタの足の料理。ブタの足先を素材にした代表的沖縄料理。足の部分をぶつ切りにし、ダイコン、ゴボウ、昆布、かつお節などでゆくり軟らかくなるまで煮込んだ料理。

- **びらめー（塩漬け豚）**　冷蔵庫のない時代に豚肉を自然塩に漬けこみ、食べるときには、適宜取り出し薄く切ってフライパンで焼いた。

Ⅱ　食の文化編　　73

- **ウムシイムン（豚脂）** 豚の脂、とくにアグー豚の脂肪は切り取ってラードの代わりに使った。沖縄料理では大事な料理用脂肪である。
- **パパイヤイリチー** 熟していないパパイヤを豚肉と一緒に炒める料理。
- **そのほか、三枚肉使用の料理** 漬菜（チキナー）チャンプルー、クーブイリチー（豚の茹で汁で仕上げる炒め煮）、かんぴょうイリチー（炒め煮）、ウカライリチー（炒め煮）、スンシーイリチー（炒め煮）、デークニイリチー（炒め煮）、千切りイリチー（炒め煮）、ミソラウテー（煮物）、豚肉と大根の汁、豚肉の味噌汁、クーリジン（豚三枚肉の卵でとじる汁）、どるわかしー（豚骨料理で、祝いのときに、豚肉、サトイモ、ズイキ、シイタケ、蒲鉾を軽く炒め、豚のだしで煮込む）

知っておきたい鶏肉と郷土料理

❶やんばる地鶏

㈲中央食品加工で開発した地鶏。雄はロードアイランド×レッドコーニッシュで、雌はロードアイランド×ロードアイランドを使った地鶏。80日以上平飼いをして出荷している。

鶏肉料理 串焼き、ソテー、焼き鳥、鍋料理のほか、そば料理の具などに利用する。鶏の丸焼きは人気が高く、沖縄県の各地に専門店がある。

知っておきたいその他の肉と郷土料理

沖縄県は野生の鳥獣類による被害から守ると同時に、ネズミによる被害から守ることを検討している。また昔から慶事に作る山羊汁、アヒル料理などがある。

- **ヒージャー料理** ヒージャーとは沖縄の方言でヤギのことをさす。琉球列島のトカラ、奄美、沖縄の島々は、ヤギの飼養が盛んだが、始まりは不明な点が多い。15世紀に記された『李朝実録』に、ヤギが使用されていた記述があるので、この頃には定着していたと考えられる。滋養強壮効果があるとされている。日常食ではなく、農繁期を終えてからの"ドゥーブニノーシ（疲労回復の意味）"や、行事の後の慰労会、家の新築祝いなど"ハレの日"の料理として大勢で食された。ヤギの独特な臭いが好まれている。昔から安産によいといわれ、冷え性、ぜんそくの薬用

として珍重され、沖縄の農村のご馳走である。

- **ヤギ刺し** 皮付きの山羊肉をスライスして、酢醤油と生姜でいただく。雄の睾丸の刺身も提供される。まさに滋養強壮だ。

- **山羊汁** 代表的な山羊料理。大量に作ると美味いといわれ、通常1頭分の肉と骨、内臓をぶつ切りにして、血液も加えて大鍋で作る。味付けは塩味で、具は入れない。

- **アヒル料理** アヒル料理を提供する店もある。アヒル汁、アヒルの肉と野菜の炒めものなどがある。アヒル汁は、アヒルの肉とサクナ（長命草）、昆布、干しシイタケ、ゴボウなどを混ぜて煮込んだもので、沖縄では薬膳としても利用されている。

- **シシ刺し** イノシシの刺身である。生食は寄生虫による健康障害を及ぼすことがあるから、生食は避けたほうがよい。生は獣臭さが強いので、美味しくは食べられない。

地 鶏

▼那覇市の1世帯当たり年間鶏肉・鶏卵購入量

種 類	生鮮肉（g）	鶏肉（g）	やきとり（円）	鶏卵（g）
2000年	41,431	9,719	787	28,826
2005年	43,735	10,281	864	29,894
2010年	41,491	10,883	846	30,183

　沖縄県の食肉文化は内地とは違った面がある。牛・豚の関係では、石垣牛、黒島牛などの肉用牛は有名である。豚ではアグーの肉質は内地の豚肉とは違った美味しさがある。

　地鶏・銘柄鶏には、タウチー、琉球どり、やんばる地鶏などがある。

　2000年、2005年、2010年の沖縄県の県庁所在地・那覇市の1世帯当たりの鶏肉・生鮮肉の購入量は、生鮮肉については九州圏の県庁所在地の購入量と大差はないが、鶏肉の購入量は9,000gから10,000gである。鹿児島市や宮崎市の14,000gと比較すると、5,000gほど少ない。沖縄の食肉文化は豚肉や牛肉が主体となっていることが推測できる。

知っておきたい鶏肉、卵を使った料理

- **アーサーの玉子焼き**　緑藻のアーサーが入った厚焼き玉子。一切れ口に入れて噛みしめるとアーサーの香りが広がり脳裏に美ら海が浮かぶ。ほっとする美味しさの玉子焼き。アーサーは沖縄の岩場に生える海藻で、"あおさ"のこと。沖縄の家庭でも食堂でもお味噌汁の定番の具。"わかめ"より高タンパクでビタミンC、カルシウムも多く、またルティン、食物繊維も多い注目の健康食品。前田鶏卵が作る。
- **カステラかまぼこ**　県魚のぐるくんなどの白身魚を、蒲鉾を作るようによくすり、卵を混ぜ、塩、砂糖、片栗粉を加え、型に流して蒸しあげて作る郷土料理。冷めたカステラかまぼこは、油で揚げても美味しい。
- **ブエノチキン**　若鶏の丸焼きで、アルゼンチン料理を沖縄風に仕上げた料理。お酢にたっぷりのにんにく、たまねぎ、ハーブを混ぜて作った特

製たれに1日漬け込み、漬け込み後、鶏のお腹の中ににんにくやたまねぎを詰め込み、じっくりロースターで焼き上げる。お腹の中のにんにくは、蒸し焼きにされるので、臭みは消え、旨みだけが残り美味。

- **てんぷらー** 沖縄風揚げ物、衣に卵が多く上がった色も黄色みが濃い。衣にも味が付いている。

- **ポーク玉子おにぎり** おにぎりの間に、ポークランチョンミートと玉子焼きを挟んだおにぎり。コンビになどでも売られている。温めて食べることが多い。ポークランチョンミート（スパム）は第二次大戦後の米国の沖縄統治の影響が大きい。

- **おにささ** 石垣島の昼食、鶏のささ身のフライに好みのおにぎりを貼り付けて、ソースやマヨネーズ、ケチャップで味付けをして食べる。

- **沖縄風ちゃんぽん** 長崎の麺料理のちゃんぽんとは異なり、野菜とポークランチョンミートを炒めて卵でとじ、平皿のご飯の上に載せたご飯の料理。

- **フライドチキン** 沖縄は豚肉食文化と思われるが、鶏肉の消費量も多い。フライドチキンは、お祝い事のハレの食事やお土産にもよく使われる。フライドチキンのチェーン店も、沖縄での売り上げは日本国内でも上位に位置するほど。

地 鶏

- **タウチー** 沖縄原産の大型の軍鶏。大軍鶏の体重が5kgくらいなのに比べて、タウチーは7kgを超えることもあり、地上から頭のてっぺんまでの高さが90cmを超える一番大きな軍鶏。絶滅危惧種。

- **やんばる地鶏** 体重：平均3,420g。植物性原料の専用飼料に沖縄の健康素材のよもぎやウコン、島唐辛子、ニンニクを加えた。肉は赤みが強く繊維が細かくて歯ざわりが良い。むね肉もぱさつかずジューシー。鶏肉特有の臭いが極めて少ない。平飼いで飼養期間は80日以上。ロードアイランドレッドとレッドコーニッシュを交配した雄に、ロードアイランドレッドを交配した雌を掛け合わせる。中央食品加工が生産する。

たまご

● **ふこい卵**　専用の飼料に健康成分のフコイダンを加えて元気に育てた鶏が産んだ卵。与える水にもこだわり"元始活水器"を通している。フコイダンはモズクなどの海藻のぬるぬる成分中にある食物繊維で抗菌作用や抗がん作用が研究されている。見奈須フーズが生産する。

その他の鳥

● **ダチョウ**　今帰仁の「ダチョウランド」で、日本国内初のダチョウの飼育が始まった。ダチョウステーキや、ボリュームのあるダチョウの卵の目玉焼きを味わうことができる。

県鳥

ノグチゲラ、野口啄木鳥（キツツキ科）　英名は Pryer's Woodpecker。Pryer は、動物の収集や分類を行った英国人の名前で、ノグチは人名の野口だが詳細は不明。留鳥。沖縄だけに分布する固有種で、特別天然記念物に指定されている。"キツツキ"の名前の由来は、「木突（きつつき）」と一般的に思われているが、どうもこの解釈は江戸時代以降の俗説といわれている。"きつつき"は"つついて虫を捕る"、すなわち、"つついて"虫を"テラ"、"テラツツキ"に由来するといわれている。"テラツツキ"が"ケラツツキ"になり、"キツツキ"なったといわれている。また、今日、キツツキのことを"ケラ"とよぶわけは、"ケラツツキ"の下部が省略されて"ケラ"になったといわれている。絶滅危惧ⅠA類（CR）。

汁　物

汁物と地域の食文化

　沖縄は、14世紀から中国大陸の影響を強く受け、17世紀以降は独立した王制をとりながら島津藩の圧制を受けていた。

　沖縄県は琉球王国時代の15世紀頃、現在の日本本国の他、中国、朝鮮、東南アジアの国々と盛んに交易をしていた。そのために、現在の沖縄料理にとって、北前船によって北海道から導入していた昆布は、現在でも重要な食材となっている。中国の食文化の影響は、沖縄の豚肉料理に反映し、沖縄に琉球王国時代から継承されている宗教的儀式は、ヤギ汁などの料理として残っている。もちろん、地元の産物の利用として、いらぶーの汁（うみへびの汁物）、イカ墨汁など沿岸で漁獲されるものの工夫も継承されている。

　チャンプルーという沖縄料理は炒め物であるが、炒めるという調理操作は「いろいろなものを混ぜる」ことで、沖縄文化にも影響しているらしい。歴史的には、中国の文化や東南アジアの文化の影響している面がみられるからと考えられる。その中でも、食文化に関しては、中国の料理の影響を大きく受けている。それは、豚肉料理や煮込み料理にみられるが、健康に良い料理が多いことが特徴である。

　海藻のアオサを沖縄ではアーサといい、お祝いのときには、「アーサの汁」は欠かせない。煮物や汁物には、北海道の昆布を使うことも多い。中国料理の影響によるブタの利用は、「足ティビチ」（豚足の汁物）、「チムシンジ」（豚レバーの汁物）、「イナムドゥチ」（イノシシもどきの汁物）などがある。健康のために考えられた料理ともいわれている汁物に「イラブーの汁」（えらぶウミヘビの汁物）がある。かつては、宗教の儀式と関係の深かった「ヒージャー汁」（ヤギ汁）は、現在は、特別に結婚式などで作る場合がある程度である。血液の臭みが強いので、作る人や機会が少なくなった。

凡例　1世帯当たりの食塩・醤油・味噌購入量の出所は、総理府発行の2012年度「家計調査」とその20年前の1992年度の「家計調査」による

汁物の種類と特色

　琉球王国時代からの中国との交流により受け継がれている郷土料理の中には豚肉料理の「ソーキ汁」「足ティビチ汁」があり、沖縄独特の汁物にはエラブウミヘビを具材にした。

　「イラブー汁」、アオリイカの墨で仕上げる「イカの墨汁（クリジューシー）」、沖縄の海藻のアオサを使った「アーサー汁」、昔から薬用として利用されているヤギ料理（ヒージャー料理）の中の「ヤギ汁」、短冊に切った豚肉やコンニャク、蒲鉾などを入れた汁物の「イナムドゥチ」など中国の文化と沖縄の伝統文化から生まれた独特の料理である。

食塩・醤油・味噌の特徴

❶食塩の特徴

　綺麗な海に恵まれた沖縄に期待しているのが、海水を利用した製塩である。「アダンの夢」「雪塩」「黒潮源流・花塩」「石垣島の自然海塩」「マース」など各種の食塩が市販されている。

❷醤油・味噌の特徴

　かつては、味噌については熟成のあまり進まない、甘い白味噌が中心に製造販売していた。醤油については、濃口醤油の塩辛い醤油が製造・流通していた。現在は、醤油・味噌の醸造元は、白醤油や甘味系の味噌を醸造しているが、内地で醸造している各種の醤油・味噌も流通している。

1992年度・2012年度の食塩・醤油・味噌の購入量

▼那覇市の1世帯当たり食塩・醤油・味噌購入量（1992年度・2012年度）

年度	食塩（g）	醤油（mℓ）	味噌（g）
1992	2,299	7,096	9,571
2012	1,732	4,167	4,876

▼上記の1992年度購入量に対する2012年度購入量の割合（%）

食塩	醤油	味噌
75.3	58.7	51.0

　那覇市の1世帯当たりの醤油購入量は、1992年度、2012年度ともに多い。沖縄の郷土料理には、醤油仕立ての煮つけや汁物が多いからと推測してい

る。

　また、沖縄の食文化はチャンプルー文化といわれる。チャンプルーは道路などが複雑に交叉していること、混ぜることなどを意味している。全国的になじみになったゴーヤチャンプルーにみられるように、いろいろな具材を炒めながら混ぜる。この料理はほとんどの家庭で作る。この時の調味の基本は食塩なので、1992年度、2012年度ともに食塩の購入量も多いほうであり、2012年度の購入量は1992年度に比べても大きくは減少していない。

地域の主な食材と汁物

　農産物に関しては、沖縄の人々は稲作を主体としておらず、サツマイモの栽培が盛んであった。現在、稲作は二毛作である。サトウキビ、ニガウリ、パパイヤ、パイナップル、シィクヮーサー（沖縄みかん）など沖縄らしい農作物は、沖縄の郷土料理に使われている。

主な食材

❶伝統野菜・地野菜

　モーウィ（ウリの仲間）、地ナス、トウガン、ヘチマ、ゴーヤー、島カボチャ、島ダイコン、島ニンジン、田イモ、紅イモ、高菜、ラッキョウ

❷主な水揚げ魚介類

　マグロ、ソデイカ、カジキ、カツオ、ブダイ

❸食肉類

　石垣牛、黒島牛、島豚（アグー）

主な汁物と材料（具材）

汁　物	野菜類	粉物、豆類	魚介類、その他
アーサヌスル	ひてぐさ	豆腐	じゃこ（だし）、調味（味噌 / 塩）
沖縄そば	ヨモギ（別皿）、ダイコン	沖縄麺	豚バラ肉、昆布、カマボコ、調味（醤油）

Ⅱ　食の文化編　　81

ソーキ汁（ソーキ骨汁）	トウガン、ダイコンなど、好みによりバリエーションあり		豚ばら肉、かつお節のだし汁、調味（醤油）
シルチャのすみ汁	ウイキョウ		白イカ、豚肉、豚だし/かつお節だし、味噌
イナムドゥチ	シイタケ		豚肉、コンニャク、卵入り蒲鉾、蒲鉾、かつお節だし、調味（白味噌）
肉汁	ダイコン		豚肉、昆布、調味（醤油/塩）
たて汁	ショウガ		卵、かつお節だし、みりん
イカの墨汁	トウガン		イカの身、イカの墨汁、調味（塩）
アーサー汁	アーサー（海藻）		味噌汁
イラブー汁	野草	島豆腐	ウミヘビ（燻製）、豚肉、昆布、調味（醤油少々）

郷土料理としての主な汁物

- **みそじる**　沖縄の味噌汁のこと。沖縄の味噌汁の具には定番がなく、レシピもない。各家庭が独特の味噌汁を作っている。ゴーヤチャンプルー、ポークランチョンミート、小松菜に似たフダンソウ、モヤシ、蒲鉾、ニラ、ニンジン、生卵、海ぶどう、青ネギなどが使われている。

- **しるいちゃのすみ汁**　白いか、豚肉をかつお節のだし汁で煮る。豚肉は短冊に切る。味噌で味を調え、イカ墨とウイキョウを入れる。イカ墨の甘味のあるうま味がこの汁の美味しさを高める。沖縄の人たちは無駄をしない精神があるので、食べられるものは何でも料理にする発想から生まれた料理である。

- **いなむどぅち**　「いむなどぅち」は「イノシシもどき」の意味で、「豚肉」のこと。豚肉のロースを短冊に切って、干しシイタケ、カステラ蒲鉾（短冊に切る）を白味噌仕立てで煮込んだもの。

- **肉汁**　肉の塊をたっぷりの水で炊く。軟らかくなった肉は、一度取り上

げて一口大に切る。湯で汁を醤油味に仕立て、茹でた昆布、ダイコンと一緒に一口大の豚肉を煮込む。

- **たて汁**　女性がお産をした後、大きなおわんに味噌、かつお節の削り節、生卵、ショウガを入れて熱湯をかけてかき混ぜて食する。産婦の健康づくりのための食べ物である。
- **イカスミ汁**　白いかの墨を丁寧に取り出す。イカの身や脚は丁寧に処理し、塩茹でする。軟らかくなったら、イカ墨とトウガンを入れる。
- **あーさーぬする**　「あーさ」は「ひとえ草」のこと。ひとえ草を入れた味噌汁。
- **ソーキ汁**　そーき骨付き汁ともいう。ソーキ骨は豚の骨付きのあばら骨の肉のこと。醤油味で、昆布、ダイコンとあばら骨の煮込んだ料理の煮汁。

【コラム】熟成肉は輸送中にできる

近年、女性は美容のため、高齢者は健康のために赤身肉を食べるようになったようだ。とくに、熟成牛肉は人気のようである。黒毛和牛の肉質は、霜降り肉になるように飼育されている。したがって、黒毛和牛はすき焼きやしゃぶしゃぶに適している。霜降り肉の熟成期間を長くすると、脂肪の酸化などが起こるので熟成肉には向かない。牛肉を長期間（20日〜30日）熟成させるには、脂肪含有量の少ないあか牛ともいわれている褐毛和種や日本短角牛の肉のほうが適している。アメリカやオーストラリアからの輸入肉は、脂肪が少なく人気となっている。アメリカやオーストラリアから日本に届く期間の間に熟成が進んでいるので、人気の牛肉となっている。また、北海道の乳用の牛の中で、搾乳ができなくなったホルスタイン種の肉は脂肪が少ないので、最近人気の牛肉である。

肉の熟成にはドライエイジングとウェットエイジングがある。いずれにしても、硬い赤肉を低温で保管し、たんぱく質を分解させて軟らかい肉質にすると同時にたんぱく質の分解によりうま味成分のアミノ酸量を増加させる。

伝統調味料

地域の特性

▼那覇市の1世帯当たりの調味料の購入量の変化

年　度	食塩 (g)	醤油 (ml)	味噌 (g)	酢 (ml)
1988	3,039	10,053	12,179	768
2000	2,038	5,682	6,885	1,447
2010	1,854	4,108	4,678	1,318

　黒砂糖生産地の沖縄・那覇市の1世帯当たりの砂糖購入量は、「家計調査」によると2000年が6,822g、2010年が4,793gである。2000年の鹿児島市の10,464g、宮崎市の9,431g、2010年の鹿児島市の6,635g、宮崎市の9,431gに比べると少ない。1世帯当たりの2000年の食塩の購入量は、那覇市が2,034g、鹿児島市が2,627gで、2010年の食塩の購入量は那覇市が1,854g、鹿児島市が1,736gである。2つの地域には多い年、少ない年とばらつきがあるが、温暖な地域のために東北地方や関東地方の3,000～4,000gの購入量に比べると非常に少ない。

　沖縄料理の特徴は泡盛を使うことにある。豚足や豚の三枚肉の料理（ラフテー）は、醤油・砂糖で調味し、泡盛をたっぷり入れて煮込むので、泡盛のアルコールで豚の脂肪が除かれ、関東でつくる三枚肉の角煮よりもさっぱりと仕上がるのである。沖縄料理には、豚肉を利用したものが多いが、豚肉を長時間煮込んだ沖縄の豚肉料理は、沖縄の人の健康維持に貢献しているのは、豚肉のたんぱく質や豚足料理などに含まれているコラーゲン（ゼラチン化している）によるものと考えられている。もちろん、温暖な気候での生活とサツマイモ、コンブやゴーヤなどの植物性の食品の利用も関係しているのは当然である。

　沖縄の山羊料理は、休日に親族や気の合った仲間が海辺などに集まり、1頭の山羊をつぶして、「ヒージャースイ」という山羊料理を堪能する。

あばら骨を煮出したスープに、血液を除いた内臓や肉を煮込んで食べる。何百年も前から受け継がれている沖縄の郷土料理であるが、内地の人はあまり経験したことがない。山羊を捨てるところなくすべての部位を利用するというのは、東南アジアから中近東、アフリカ各地やモンゴルなどにあるが、豚肉については沖縄料理もあれば、ドイツ料理にもある。ドイツでは豚の肉ばかりでなく血液もソーセージに利用する。

　沖縄は昔からさまざまな味噌を使った料理が多いので、味噌づくりも発達している地域である。アンダンスー、油味噌、ナーベランブシー、ヘチマ味噌炒め、沖縄豚汁などに利用されている。沖縄の気候は暑い日が多いので、冷蔵庫が普及していなかった時代は、食品の保存方法として食塩を含む味噌が使われていた。ただし、温暖な気候の沖縄は、味噌の発酵や熟成に適していたため、木陰などの涼しいところを利用した味噌づくりが行われていた。古くから営業していた那覇市の味噌や醤油などの醸造会社も近代化に消えつつある。それでも、150年も前から製造を続けている会社も残っていて「王朝味噌」などの琉球王朝の名残のある味噌もある。醤油には特産の黒砂糖を利用した「黒砂糖醤油」も開発されている。沖縄特産のシークヮーサーを利用した「シークヮーサー醤油」や「シークヮーサー黒砂糖」などの新しい調味料も開発されている。

　沖縄は味噌の製造に適しているためか、沖縄特産の豚肉と合わせた「豚肉みそ」は、第二次世界大戦前から沖縄で親しまれていた。その他、沖縄ポン酢、工夫をこらした調味料が開発販売されている。例えば、コメと麦の合わせ味噌、白味噌、麦味噌、赤だし味噌、酢味噌、など旅行者向けの調味料も考案されている。

知っておきたい郷土の調味料

　その地域の食品の利用状況を探るには、スーパーマーケットへ出かけるとわかる。沖縄でも、全国展開している大手の調味料の商品は商品棚に並んでいるのは当然であるが、その中には沖縄の地のものも発見できる。島唐辛子などの入った調味料は、小さいビンに入っているものを購入し、気にいればネットか都心のデパートの調味料売り場で求めるのもよい。

　沖縄の伝統料理や郷土料理には豚肉料理が多く、その中でも豚肉を醤油や味噌で煮込む料理が多い。また、豚肉や牛肉からとるだしも多いが、沖

Ⅱ　食の文化編　　85

縄の海の魚介類をだしにしている料理も多い。

醤油・味噌

- **琉球王朝御用達の味噌・醤油**　玉那覇味噌醤油は、沖縄の手作り無添加味噌・醤油を受け継いできている。創業してから140年以上も琉球王朝御用達の味を今に伝えるべく努力している会社である。

- **沖縄県の味噌・醤油**　現在でこそ、スーパーマーケットへいけば全国各地の調味料が手に入り、好みのものが選択できるが、味噌・醤油、その他の調味料も購入できる。黒丸宗が売り出していた味噌は、熟成があまり進まない「白味噌」である。甘味は西京味噌ほどではないが、やや甘味のが特徴。醤油は濃口醤油に似た塩辛さである。

- **沖縄県の味噌・醤油醸造会社**「黒丸宗」「琉球王朝」と親縁関係にあった其志堅宗演氏は、那覇市寄宮で、大正時代の終わり頃に塩・大豆・小麦・麹を原料とした味噌や醤油の製造会社を創立した。宗演の長男の宗佑氏は2代目として会社の拡大のために味噌・醤油の製造のほか、食酢、甘味料として麦飴、韓国のキムチに似た白菜の漬物（製法の概略唐辛子・ニンニク・食酢・麹の液に白菜を漬け込んだもの）をつくった。黒丸宗合資会社としたのが昭和33（1958）年である。

  黒丸宗の現在は、3代目宗典氏が受け継いでいる。彼はアメリカの大学院を卒業してから、シアトルで和風レストラン「たつみ」を立ち上げ、シアトルの日本人ビジネスマンやワシントン大学の日本人学生にとっては便利なレストランとして発展したが、父親の沖縄の会社の継承のために、10年前に帰国し、アメリカで学んだ知識と経験を活かしながら、2代目の残した企業のグローバル化へと発展している。まずは、沖縄の調味料をはじめ各種食品を日本国内に普及・販売の展開を企画し、近代的会社の構築に努力している。

- **玉那覇味噌醤油**　創立は安政年間と古く、現在は有限会社として天然醸造にこだわって現在も営業を続けている。

- **琉球醤油**　沖縄醤油屋（㈱木立沖縄醤油屋）が作っている白醤油。

- **琉球味噌**　沖縄本島の他に久米島、八重山列島などで作っている白味噌。甘味噌系で、普通の調味料として使う他に、ラーメンの汁の調味に使ったり、ラー油と混ぜて調味料として使っているところもある。

86

- **沖縄　島らっきょう　豚味噌**　豚味噌に沖縄産島ラッキョウがたっぷり入り、ラッキョウの風味と豚味噌の味が絶妙に合わさったもの。お握りの味付け、温かいご飯のおかずに合う。キュウリや野菜のスティックの付け味噌としても最適。
- **シークヮーサーしょうゆ**　沖縄の醤油にシークヮーサー果汁を加えたもの。ポン酢醤油のようなもの。刺身、豆腐料理によい。
- **あぐーあんだんすー**　あぐー豚の肉味噌ともいう。沖縄の特産アグー豚のひき肉と沖縄味噌を混ぜて、泡盛・黒糖などで調味した営め味噌。野菜につけたり、ご飯のおかずとして食べる。

食塩

- **沖縄の塩の歴史**　食塩の専売法がなくなってから、日本各地で海水からの塩づくりが、民間ができるようになった。地域的にみると、沖縄の海水を原料とした食塩が多い。沖縄の沿岸の海水は、本土の周囲の海水よりきれいなため、製塩しやすいからである。昔、沖縄で作っていた食塩は、沖縄の海水を煮詰める方法であった。17世紀には、鹿児島から習いうけた入浜式製塩が導入された。
- **アダンの夢**　与論国島の沖合いの海水が原料の塩（九州商事㈱与論国工場）。
- **雪塩**　宮古島の沖合いの海水が原料の塩（㈱パラダイスプラン）。
- **黒潮源流塩、花塩**　与論国島のサンゴのリーフに囲まれた穏やかな入り江の海水が原料の塩（与論国海塩㈲）。
- **沖縄の海水塩、あじまーす（青い海）**　沖縄本島西南部の海水が原料の塩、食卓塩（㈱青い海）。
- **石垣島の自然海塩**　石垣島の沖合いの水深約20ｍの海水が原料の塩（㈱石垣の塩）。
- **粟国の塩**　沖縄本島の東国島近くの海水が原料の塩（㈱沖縄海塩研究所）。
- **球美の塩**　沖縄本島の西方の久米島の海洋深層水を原料とした塩（久米島海洋深層水開発㈱）。
- **屋我地島の塩工房の塩**　沖縄で製塩が始まったのは、今から約400年前といわれている。薩摩（鹿児島）の坊さんによって初めて海水を煮てつくる製塩法が伝えられたといわれている。屋我地マースという自然塩を

提供している。広大な塩田に、30人ほどでパイプで運んでいる海水を塩田にまく。数時間後、砂についた塩は、ろ過器に入れられ、自然放置して煮が苦汁の量を少なくし、ふたたび製塩にする。やや薄い茶色を示すのは残っている苦汁による。苦汁の成分では、Mg（マグネシウム）が多い。Mgが多いのは、麺を作ったときの麺の食感、弾力性を改善させてくれる。

- **浜比嘉島の塩工房の塩（マース）** 沖縄本島の東海岸のうまき市から海中道路を渡ると横にある島。塩の作り方は、屋我地の塩工房に似ている。少量の苦汁が含まれていて、それにより色のついた塩となっている。

  沖縄では、「塩は命をつなぐもの。神様へのお供えものとなっている」というように、大切なのである。

- **沖縄サンゴ海深塩** 沖縄県久米島の海洋深層水から調整した食塩に、サンゴカルシウムを添加したもの。

- **沖縄の海水塩「青い海」** 沖縄県糸満沖合いの海水を原料として平釜で調製した塩。食塩100g当たり、カルシウム180mg、マグネシウム170mgで、カルシウムとマグネシウムの含有する比率に興味ある塩である。

酸味料

- **シークワーサーポン酢** 本醸造醤油にシークワーサーの果汁を加えた調味料。

- **さとうきび酢** サトウキビの搾り汁に、泡盛を加えて酢酸発酵させ、熟成させて調製した食酢（主成分は酢酸）である。

香辛料

- **島こーれーぐすー** 沖縄北部の山原（やんばる）産の「島唐辛子（こーれーぐすー）」を泡盛に漬け込み、辛味をじっくり泡盛に溶出させた辛味調味料。そば・うどん、鍋、煮物に1滴加えるだけで辛い。

- **島のらー油** 石垣島の「ぴにおん」が手作りし、販売している人気の辛味調味料。石垣島の恵みがこもっている激うまラー油。材料は、植物油、ごま油、島唐辛子、すりごま。

- **炒りごま、黒糖、ピーナッツ、人参、ウコン** 肉料理、炒め物、スープ

に。

- **酸味料としてのシークヮーサー**　沖縄ではヒテミレモンともいわれている果実を原料としたものが多い。搾り汁は各種のドレッシングに加え、爽やかな味を活かしたものが、スーパーマーケットに商品棚に並んでいる。刺身を食べるときには、醤油に食酢を加え、さらに、シークヮーサーの搾り汁を加えるのが、沖縄式刺身の食べ方である。シークヮーサーを発酵させて作ったシークヮーサー酢がある。沖縄産のパイナップルを独自の方法で発酵させたパイナップル酢もある。
- **シークヮーサースパイス**　シークヮーサーと大宜味村産の島唐辛子を混ぜたスパイス。いろいろなスパイスに使える。

だし

- **沖縄のだし**　だし汁は、素材からでただし汁を利用することが多く、関西料理、江戸料理のようにだしのとり方には細かいきまりはない。ただし、新鮮な食材を使うのが条件となっている。例えば、ソーキソバに欠かせない豚肉の各種を煮込む調味料は、醤油・みりん・鰹節であるが、煮干し、昆布などを入れるところもある。いずれも、長時間に煮つけ、あるいは圧力釜による煮つけにより、豚肉脂肪は除いてしまうので、スープは濁りはあるが、脂肪は存在しない。

　余談だが、沖縄ソバと日本の中華麺の弾力性が違う。沖縄ソバは、中華麺のようにソフト感がない。昔の沖縄ソバの原料は小麦粉のほかに、終戦直後には米軍によりタピオカの粉の使用が強いられたらしい。タピオカのでんぷんを入れれば小麦のグルテン量は絶対量として少なくなるから、グルテン網目構造による弾力性が弱まっているからである。スーパーマーケットで市販している沖縄ソバの表示には、「石灰カルシウム」とある。麺類はカルシウムが多くなると弾力がなくなる。

　沖縄ソバの食感は、沖縄に人たちが幼少のときから食べ慣れた沖縄ソバをつくるのに工夫していることが推察できる。

砂糖

- **黒糖**　鹿児島の西南諸島、沖縄ではサトウキビから砂糖を製造している。お土産の「黒糖」は、硬さや形を整えるための加工をするので、「加工

黒糖」ともいわれる。

- **黒糖と黒糖酢**　黒糖・黒砂糖は同じものである。さとうきびの搾り汁を中和剤を加え、沈殿などにより不純物を除き、煮沸により濃縮を行った後、糖蜜分を分離除去を行わずに、冷却して製造した砂糖で、固形または粉末のものが多い。黒糖は、健康ドリンクや菓子類、煮物の甘味料として用いられることもある。黒糖を発酵させた酸味料である。
- **沖縄黒糖蜜**　黒糖の蜜の部分の瓶詰め。
- **きび太郎**　さらさらでマイルドな味わいの砂糖。

その他の調味料

石垣島を中心に離島では、沖縄独特の調味料を作り出している。

- **シークヮーサーこしょう**　シークヮーサーの表皮と果汁に島唐辛子、石垣の塩を入れて練り合わせた辛味調味料。焼き鳥やお茶漬けの薬味として使われる。
- **練り唐辛子**　島唐辛子を練った辛味調味料。沖縄ソバの薬味に使われる。
- **島豚ごろごろ**　石垣島の三元豚のあら挽きミンチ肉、黒糖、泡盛もろみ原液を合わせて練ったもの。ご飯のおかずやマーボー豆腐の調味料として使われる。これに似たものに沖縄豚肉みそ（アンダンスー）がある。
- **らー油類**　「くめじまらー油」「石垣島らー油」がある。いずれも沖縄の「らー油」として人気である。

郷土料理と調味料

- **イカスミ汁**　イカの墨で仕上げた真っ黒いスープ。コクとマイルドな味は食材から出るうま味成分の組み合わせた見事なスープである。口の中が黒くなるのが難点であるが。
- **沖縄ソバ（ソーキソバ）**　独特のコクのあるスープとコシのある麺が特徴なのが沖縄ソバである。ソーキとは、豚のあばら骨のことで、ソーキの軟骨を煮込んだ物（豚肉など）を具としてのせたのがソーキそばとよばれる。
- **肉みそ**　沖縄では豚肉の入った肉みそは運動会や遠足には欠かせないおかず。

発 酵

豆腐よう

◆**地域の特色**

　沖縄諸島、先島諸島、大東諸島から構成されており、東シナ海と太平洋に挟まれている。面積は2281 km^{2}で、日本の都道府県では小さい順に香川県、大阪府、東京都に次いで第4位であり、人の居住する日本最南端の地域を含む県でもある。また、八重山郡与那国町は日本の最西端にある地方自治体である。沖縄県には363の島があり、人が住んでいるのは49島である。最東端から最西端までは約1000 km、最北端から最南端までは約400 kmと、広大な県域をもつ。与那国島と台湾の間は約100 kmである。

　県人口の約9割が沖縄本島に集中している。ほぼ全域が亜熱帯気候であり、一部は熱帯に属する。年間を通して温暖な気候であり、最高気温と最低気温の差も小さく標高の高い山も存在しないため氷点下になる場所はない。

　沖縄という地名の由来は、「沖あいの漁場」を意味する「おき（沖）な（魚）は（場）」を由来とする説と、「沖にある場所」「遠い場所」を意味する「おき（沖・遠い）なは（場所）」を由来とする説がある。

　沖縄の方言で「ウージ」と呼ばれるサトウキビは、県内で一番多く栽培されている作物である。ゴーヤ（ニガウリ）が沖縄に伝えられた時期ははっきりしていないが、1713（正徳3）年に出版された本に「苦瓜（にがうり）」の名前がある。ゴーヤ料理は古くから沖縄で食べられてきたが、最近は県外に出荷される量も増え、沖縄を代表する野菜となっている。果物としては、マンゴー、パイナップル、シークヮーサーは日本一の産地であり、パパイヤやバナナ、グアバ、パッションフルーツなども生産されている。また、沖縄では約600年前からブタが家畜として飼育されてきており、日本で一番古い養豚県といえる。海に囲まれた沖縄では、サンゴ礁（しょう）の海の特性をいかした養殖と、カツオやマグロなどの沖合漁業が盛んである。

Ⅱ　食の文化編　　91

◆発酵の歴史と文化

　沖縄の県民酒である泡盛は、米を原料として黒麹菌を用いた麹で糖化し、泡盛酵母でアルコール発酵させた醪を一度だけ蒸留する単式蒸留焼酎である。県内では島酒とも呼ばれる。なかでも、3年以上貯蔵したものは古酒（クース）と呼ばれ珍重される。

　泡盛という名称は、1660（万治3）年の島津光久から徳川家綱への献上品目録の中や、1671（寛文11）年に琉球王国中山王から徳川家への献上品目録に「泡盛酒」が記載されている。島津氏を藩主とする薩摩藩は、1609（慶長14）年の琉球侵攻により琉球王国を従属国としており、江戸幕府の将軍家である徳川氏への献上は薩摩藩を通じて行われていた。

　このように古くから造られていた泡盛は、沖縄の人々にとって、子どもの誕生から家族の葬儀に至るまで、さまざまな儀式に重要な役割を果たしてきた。沖縄には子どもの誕生にまつわる泡盛の風習がある。それは、子どもの誕生祝いにその年に造られた泡盛を購入し、大きな甕に寝かせるというものである。そして、20歳になるまで大切に保管し、成人のお祝いに同じ年数を重ねた20年越しの泡盛をあけて、親子で祝杯をあげるというものだ。子どもの20年の成長がそのまま泡盛の熟成となり、世界でたった一つの特別な泡盛の古酒がその日を祝ってくれる。このように、泡盛は家の宝として人生の物語を記憶し育んでいく。

　泡盛好きの家族では、毎年、誕生日に甕を開け、我が子の成長を祝いながら語らうということもあるという。この場合は、減った分だけ、新しい泡盛を足しておくのが流儀である。これは、古酒の仕次ぎという方法に準じたものである。

　与那国島には、古くから神事に花酒（泡盛と同様に造られるがアルコール度数が45度を超えている酒）を使う文化が継承されている。花酒を用いる文化の代表的なものが、洗骨葬である。洗骨葬では、遺体を埋葬する際に花酒の壺2本を墓の中に入れ、7年後にお骨と花酒を取り出して、お骨に花酒を振りかけて火を付けて燃やした後、花酒を振りかけて清めて、再びお墓に納める。残るもう1本の花酒は集まった人々に振る舞われる。お墓の中でともに7年過ごした古酒で故人を偲ぶとは、与那国の人々の先祖への愛情の深さが感じられる。7年間で甕の泡盛はいくぶん蒸発して減っている。昔は、沖縄では土葬が普通であり、この間は完全には死んでいな

いと考えられており、減少分は亡くなった故人が飲んだためとされる。

◆主な発酵食品

醤油 安政年代（尚泰王時代）の頃に創業した玉那覇味噌醤油（那覇市）や琉球醤油屋（那覇市）、赤マルソウ（糸満市）などで造られている。

味噌 ヘチマの味噌煮炒め、沖縄風豚汁など、昔から味噌を使った料理が多くある。玉那覇味噌醤油（那覇市）では、米麹と丸大豆、沖縄の塩（シママース）で仕込み、杉樽で3カ月以上熟成させて造られている。その他、久米島には甘味噌系のたいらの味噌がある。

泡盛 琉球王国当時に交易国との文化交流からさまざまな技術がもたらされ、蒸留酒の製法は500年以上前に東南アジアや大陸から伝来したといわれている。米を原料として、黒麹菌（アスペルギルス・リュウチュウエンシス）を用いた黒麹によってデンプンを糖化し、泡盛酵母でアルコール発酵させた醪を一度だけ蒸留する。原料は、歴史的に古くから使われているタイ産のインディカ米である。近年では地産地消の動きに伴って、県内産のジャポニカ米を使ったものも生産されている。1995（平成7）年6月には、泡盛が酒類の地理的表示（GI）として「琉球」と認定されたため、沖縄県産の泡盛には「琉球泡盛」の表示が用いられるようになった。

泡盛は貯蔵による熟成でアルコールの刺激が和らぎ、コクや独特の香気が出て、古酒（クース）と称して珍重される。一般的には、10年程度までは貯蔵期間が長いほど上質になるとされる。また、「仕次ぎ」という減った量だけ別の泡盛を注ぎ足す手法で、さらに長期間品質を劣化させることなく熟成させることも行われている。

現在、泡盛は、ヘリオス酒造（名護市）、龍泉酒造（名護市）、恩納酒造所（恩納村）、今帰仁酒造（今帰仁村）、新里酒造（沖縄市）、久米仙酒造（那覇市）、瑞泉酒造（那覇市）、咲元酒造（那覇市）、忠孝酒造（豊見城市）、高嶺酒造所（石垣市）、久米島の久米仙（島尻郡）など約50の製造場で造られている。泡盛古酒の奥深い歴史と本物の味わいを広めるため古酒を製造・販売している琉球泡盛古酒の郷（うるま市）は、県内43酒造メーカーの協力で設立された酒造所である。

花酒 日本最西端の島、与那国島だけで製造されている独特の蒸留酒である。泡盛とまったく同じ原材料で製造法も同じだが、アルコール

Ⅱ　食の文化編　　93

度数が45%を超えているので、酒税法の分類上、焼酎ではなくスピリッツになる。皿に広げるとアルコールが揮発し容易に火がつく。花酒には国泉泡盛の「どなん」、崎元酒造所の「与那国」、入波平酒造の「舞富名(まいふな)」の3銘柄がある。花酒の名称は昔、泡盛の度数を計るときに、一定の高さからグラスの中にお酒を注ぎグラスの中にできる泡の盛り具合(量)で度数を決めていたが、度数の高い花酒は一番泡の量が多く、まるで花が咲き誇っているように見えたことから花酒と呼ばれるようになったといわれている。

日本酒　県内唯一の製造場として、1967(昭和42)年から空調設備を完備した泰石酒造(たいこく)(うるま市)で日本酒が造られている。

ビール　老舗のオリオンビール(名護市)のほか、ヘリオス酒造(名護市)、おきなわワールド文化王国・玉泉洞(南城市)、石垣島ビール(石垣市)などでさまざまなタイプのクラフトビールが造られている。

豆腐よう　乾燥させた島豆腐(木綿豆腐)を麹、泡盛および食塩で作られる漬け汁に漬け込んで発酵、熟成させた沖縄独特の豆腐発酵食品である。紅麹菌(モナスカス・プルプレウスなど)と黄麹菌(アスペルギルス・オリゼ)が使用される。王朝時代に明から伝えられた「腐乳」がもとになったといわれている。中国や台湾の腐乳が雑菌の繁殖を抑えるために製造中に塩漬けするのに対し、泡盛漬けにすることが製法上の大きな違いで、これが豆腐ようの風味やテクスチャーの特徴となっている。

るくじゅう　豆腐を天日干しにして乾燥させた保存食品である。沖縄県では六十(るくじゅう)の名で、食材としてではなく紅型の型紙を彫る際の下敷きとして転用されている。また、かつてはイタミ六十(るくじゅう)と呼ばれる半発酵状態の干し豆腐が珍味として食べられていたという記録が残っており、幻の沖縄料理といわれる。

スクガラス　アイゴの稚魚を原料とする塩辛である。スクはアイゴの稚魚、カラスは塩辛を意味する。

もろみ酢　泡盛を蒸留した後の醪を濾過した、琥珀色の酸味をもったものであり、黒麹により作られたクエン酸、アミノ酸が多く含まれる。蜂蜜、黒糖、シークヮーサー果汁などを加えて飲まれることも多い。もろみ酢は、2017(平成29)年に特定農林水産物等の名称の保護に関する法律(地理的表示(GI)法)に登録された。

パパイヤ漬け　　未熟のパパイヤを半切りにし、種子を除いて、粕漬けや味噌漬けにしたものである。

地漬（じーじき）　ダイコンやゴーヤなどの島野菜を、塩を使った下漬けの後、黒糖で漬け込んだ漬物である。

◆発酵食品を使った郷土料理など

油味噌　味噌に豚肉を加えみりんなどで味を付けたもので、豚味噌またはアンダーンスーとも呼ばれる。ご飯にそのままのせたり、おにぎり、お茶漬けなどで食べる。

かちゅー湯　鰹節の消費量が全国1位の沖縄で人気の鰹節を使ったスープである。どんぶりに鰹節と味噌を入れてお湯をかけるというきわめてシンプルな料理である。風邪や二日酔いのときに飲む人が多い。「かちゅー」とは沖縄の言葉でカツオのことである。

いなむどぅち　沖縄県のお祝い料理の一つで、具だくさんの味噌汁である。語源は「猪もどき」で、細い短冊切りにした豚の三枚肉、こんにゃく、かまぼこ、シイタケ、油揚げなどを、甘い白味噌仕立てにしたものである。

ナーベーラーンブシー　「ナーベーラー」はへちまのこと、「ンブシー」が味噌煮料理の意味で、代表的な沖縄料理の一つである。ヘチマのほかに島豆腐や豚肉を炒め、味噌で煮る。

◆特色のある発酵文化

種麹屋　石川種麹店（中頭郡）は、泡盛用の黒麹菌の種麹の製造、販売をしている。戦争で酒造所がほとんど焼けてしまったため、蔵元の土などを譲り受けて培養し、復活させた黒麹菌なども扱っている。

◆発酵にかかわる神社仏閣・祭り

海神祭（うみがみまつり）（ウンガミ、ウンジャミとも）（大宜味村など）　沖縄諸島や鹿児島県奄美群島において、祝女を祭司として海神を祭り、豊作、豊漁を祈る行事である。各家庭でミキ（神酒）を造り振る舞う。大宜味村塩屋（おおぎみそん）のウンガミは国の重要無形民俗文化財に指定されている。旧暦7月の、盆の後の亥の日に行う

Ⅱ　食の文化編　　95

所が多い。

シマノーシ（渡名喜島）

別名「島直し祭祀（シヌグ祭）」とも呼ばれ、2年に一度執り行われる渡名喜島最大の祭りである。豊年、大漁、航海安全を祈るために行われる。神迎えから神送りまでが5日間、準備期間を含めると2週間になる。「アマガシ」と御神酒「ミキ」が供えられる。アマガシはヒラ麦や緑豆を麹で糖化させたものが使用される。

◆発酵関連の研究をしている大学・研究所

琉球大学農学部亜熱帯生物資源科学科　泡盛に使われる黒麴菌など、沖縄の発酵食品に使われる微生物の研究が行われている。

発酵から生まれたことば　糟糠の妻

貧しい時からつれ添って、粗食に耐え、苦労をともにしてきた妻のことを言う。「糟」は酒粕で、「糠」は糠のことであり、どちらも粗末な食物である。由来は、『後漢書』「宋弘伝」に出てくる、宋弘という大臣の言葉である。紀元前1世紀、後漢王朝を開いた光武帝は、夫を亡くした姉を再婚させたいと考えていた。姉にそれとなく話をすると、大臣の宋弘を気に入っている様子であった。そこで、光武帝は既婚者の宋弘を呼び寄せて、暗に離婚を勧めて「人も富貴になれば妻を変えるのが普通だから、変えてみてはどうか」と言った。しかし、宋弘の答えは、「貧賤の交わりは忘るべからず、糟糠の妻は堂を下さず（見捨てない）と聞いております」と答えたため、帝は姉に「この望みはかなわぬことだ」と告げたという故事による。宋弘の妻だから「糟糠の妻」と呼んだわけではない。

コラム　泡盛の仕次ぎとシェリーのソレラシステム

　泡盛古酒（クース）の熟成法である「仕次ぎ」は、古酒の甕から減った量だけ別の泡盛を注ぎ足す手法である。伝統的には、一定期間に1本ずつ、選び出した泡盛で満たした南蛮甕を貯蔵する（順に親酒、二番手、三番手……と呼ばれる）。ある程度年数が経ったところで、最も古い酒である親酒を掘り出し、利き酒を行ったうえで慶事などの際飲用に供される。親酒を飲んで減った分は、その分だけ親酒に二番手を注ぎ入れ、二番手に三番手を……というように順次新しいものを古いものへ補充し、最後に最も数の多い番手の甕に新しい酒を補充する。

　一方、スペインで生産される酒精強化ワインであるシェリーには、「ソレラシステム」という独特の熟成させる手法がある。熟成庫の中には、新しいシェリーが入った樽から古いシェリーが入った樽まであるが、樽は列を成して3～4層に積み上げられ、各層が一つの段を形成している。一番下の段は「ソレラ」（床という意味）と呼ばれ、一番年数の古いワインが入っている。瓶詰にはソレラから一部を抜き出して使用される。ソレラの樽のシェリーが減った分を2番目に古い「第1クリアデラ」と呼ばれる樽から補充する。そして第1クリアデラの減った分を3番目に古い「第2クリアデラ」から……、と順々に補充をする仕組みである。若いワインがより熟成されたワインと順序だって混合されていく仕組みを用いることで、いつも品質の安定したシェリーを生み出すことができるようになっている。

　蒸留酒とワイン、沖縄とスペインといった、遠く離れた地域の酒の熟成法に共通点があるのは興味深い。

和菓子／郷土菓子

冬瓜漬　　拮餅

地域の特性

　日本の南西端に位置し、沖縄本島など48の有人島と112の無人島からなる離島県である。沖縄群島、宮古群島、八重山群島に大別されている。気象は亜熱帯性海洋気候に属し、夏は南東風、冬は北東風が強い。黒潮の関係で冬季も暖かいが、夏秋には集中して台風が襲来し、その被害は大きい。

　かつて「琉球」とよばれた時代、東アジアとの交易が盛んで、万国津梁の王国であった。そして他にはみられない独特な文化が育まれ、食文化もしかりで、菓子文化においては大陸とのつながりが大きい。

　菓子文化のことでいえば、本土と異なるのは「餅」のことである。県下の餅は、もち米を1晩水に浸し、石臼で水挽きする。それを木綿袋に入れて口をしばり、重石をして水分を取る。これを袋から取り出して手でよく練るのである。これは本土の「シトギ（粢）」と同じであった。沖縄の「搗き餅」の歴史は浅く、現在は多くが「粉餅」である。

　また県下で忘れてならないのは、甘藷と製糖であろう。甘藷は中国より伝えられ1605（慶長10）年、沖縄に伝えられるや儀間真常により沖縄全域に普及した。また彼は1623（元和9）年に黒糖を製造していた。

地域の歴史・文化とお菓子

琉球王朝の菓子と庶民の菓子

①「拮餅（橘餅）」・「冬瓜漬」

　沖縄のフルーツケーキのような「鶏卵糕」。そのカステラ生地の上に、紅で色付けした落花生や柑橘類の砂糖漬けが散りばめられている。

　実はこの柑橘類の砂糖漬けが「拮餅」なのである。拮餅と餅の字がついているが、餅菓子ではない。「鶏卵糕」の歴史も古いが拮餅は約300年前、中国の福州から伝わった。尚家（琉球の王家）から九年母（沖縄でクニブ

といい柑橘類の総称）の王といわれる"羽地蜜柑"が届けられ、それを原料として謝花家が作り献上してきた。琉球王朝の高位の人だけが親しんだ菓子であった。

台湾や中国の風習では、先祖の供養に「拮餅」を山のように供えるのが豊かさの象徴だった。

②9年で母になる九年母

「拮餅」は沖縄で「橘餅」とも書き、かつては数軒の店で作っていたが、今は「謝花きっぱん店」がただ1軒作って販売している。当店では「橘餅」としている。橘餅は沖縄産のクニブ（九年母）やカーブチー（在来種のみかんで皮が厚い。運動会蜜柑ともいう）が主原料である。クニブは夏みかんより小ぶりでこれも皮は厚いが香りがよい。このクニブは、種から育てると本当に9年で実がなり母になるそうだ。本土でも諺に「桃栗3年、柿8年、柚子は9年で成り下がる。または花盛り」といわれるが、柑橘類は9年が目安のようだ。

これらの果汁を搾り、種を除き皮も一緒に細かく刻み、砂糖を加えて火にかけてよく捏ね混ぜる。炊き上がった柑橘類の果肉の練り具合の判断は、熟練した職人のみが知る技であった。

③桐の箪笥で保存する沖縄の「拮餅（橘餅）」

煉り上がった果肉を丸く成形して乾燥させ、仕上げに砂糖の白い衣を着せる。橘餅は出来上がるまでに丸4日かかる。

姑から製法を受け継いできた店主の謝花澄子さんが、「これ生きものよ」と橘餅のことを語っていたが、毎日同じようにしていても、その日の天候によって味が変わってしまうという。店の奥に桐の箪笥があって、中を覗かせてもらったら真っ白なお餅のような橘餅が、たくさん布に包まれて大事に保存されていた。

橘餅を切り分けてご馳走になると、クニブの爽やかな香りが口中に広がり、高貴な気分にしてくれた。

④もう1つの貴重菓子「冬瓜漬」

那覇高校近くの松尾消防署通りにある、「謝花きっぱん店」を訪ねると店先には大きな冬瓜が並んで出迎えてくれた。

沖縄で冬瓜は、シブイとよばれる。これを食用石灰でしばらく漬け込んで実を固め、砂糖でコトコトと煮込んだ手のかかるものである。飴色に変

身した冬瓜漬は、外側はカリッとしていて、中はサクサクとした歯触わり
が何とも心地よい味わいであった。

　この冬瓜漬も橘餅と同様に、300年前、中国の福州から沖縄に伝えられ
たとされる。そして冊封使が来島した際の饗応料理、御冠船料理の献立の
菓子の1つであった。

⑤冊封使の饗応料理

　冊封とは、各国の有力者が中国皇帝から国王として承認を受けることで、
新国王の即位式などに、中国皇帝の命を受けた冊封使が、特定の国々に派
遣された。冊封使が琉球に最初に訪れたのは1396年で、北山王・攀安知
の時とも、1404年の武寧王の時ともいわれる。

　御冠船というのは、中国皇帝から派遣された冊封使が乗って来る船のこ
とで、王冠や王服などの下賜品を乗せてやって来た。それで「お冠の船」
とよんだ。御冠船は2隻からなり一度に約500人もがやって来た。夏、南
風に乗って来島し、秋から冬に北からの季節風を利用して帰国した。

　この饗応料理の献立で、菓子・干物・果物など16種の菓子の中に橘餅
と冬瓜漬が供されていた。

⑥現代の冬瓜漬

　筆者が「謝花きっぱん店」を訪ねたのは数年前で、謝花澄子さんが店主
であった。現在は婿さんのイギリス人・ジェームスさんが6代目を継いで
いる。和菓子にとらわれないアイデア菓子が誕生し、ベルギーの上質チョ
コレートと合わせ「冬瓜漬チョコ」、ほろ苦い宇治抹茶を合わせ「抹茶冬
瓜漬」ができている。さらに、丹波の黒豆入り国産黄な粉、ココナッツ、
生姜などをコーテングしたカラフルな詰め合わせもできている。

⑦沖縄の祝い菓子「サーターアンダギー」

　「サーターアンダギー」は、沖縄菓子の代表である。サーターは砂糖で、
アンダギーは油で揚げた物。沖縄風の丸いドーナツで、「砂糖てんぷら」
ともいわれ、宮古列島では「サタ（砂糖）パンピン」という。パンピンは
揚げ菓子のこと。砂糖をふんだんに使い、小麦粉、鶏卵、ベイキングパウ
ダーを加えて水は使わず混ぜ合わせ、球形に丸めて低温でゆっくり揚げる。
表面が固くなると、内部が膨張して球状の表面が割れる。その姿は花が咲
いたような笑顔に見えるので、縁起のよい菓子とされ、中国菓子の「開口
笑」は、胡麻をまぶしてあるがとてもよく似ている。

この「サーターアンダギー」はおやつ菓子でもあるが、祝い事の際には直径12〜15cmの大きなものが作られる。なんといっても菓子が象徴しているのは表面に割れ目を生じる形状で、つまり「女性」を意味していたのである。結納や婚礼には「カタハランブー」と一緒に盛り合される。

⑧「カタハランブー」と縁起菓子3点セット

「カタハランブー」は「シル（白）アンダギー」ともいわれ、小麦粉を水で溶き、塩を加え少しねかせて油で揚げるのだが、てんぷらの衣を揚げたものと同じ。しかし揚げ方が難しく、生地を皿にとって鍋に沿って中へ流し入れるようにする。「カタハランブー」とは片側が重い、という意味で片側は厚めに、もう一方は薄くパリパリに揚げる。これはお腹に子供がいる状態で、妊娠を表しためでたいお菓子なのである。

久米島方面の結納には「縁起菓子3点揃い」があり、まず「サーターアンダギー」、ついで「カタハランブー」、そして「マチカジ（松風）」。久米島方面では「サーターアンダギー」を男性の象徴とし、「カタハランブー」が女性。「マチカジ」は、ピンク色に染めた小麦粉生地を帯状にして結んだもので、表面に白胡麻がかかっている。胡麻は子孫繁栄を意味していた。

油を使う沖縄の庶民の菓子も、中国の影響を深く受けていた。

行事とお菓子

①那覇の正月菓子

縁起菓子の「カタハランブー」や「サーターアンダギー」を昔は家ごとに作っていて、火にかけた油鍋から菓子を揚げる「ちゃらちゃら」と乾いた音がすると、正月の晴の日の雰囲気がしてきたという。特別な菓子は「こう菓子（落雁）」と「なんとうー」（味噌と香辛料入りの餅）で、これは町で買って来る。子供たちにはお年玉と一緒に黒砂糖をあげた。

②子供の節供（3月3日）の「うじゅう菓子（三月菓子）」

この日は雛祭りというより、浜下りといって手足を海水に浸して身を清め、潮干狩りをする。三月御重に、山海の幸を詰めたお弁当を持って、浜辺に行き1日遊ぶ。菓子に欠かせないのが「ふつ餅」や「うじゅう菓子」で、うじゅう菓子は「サーターアンダー」と同じ生地で作る。まな板などに粉を敷いて生地薄く延ばし、幅3cm、長さ7cm弱くらいに切り分け、縦に3本の包丁目を入れて菜種油で揚げる。火が通ると包丁目が花の咲い

たように見えるので喜ばれる。ふつ餅はヨモギを混ぜた餅である。

初節供の家では男児でも女児で「初皿うじゅー」といって、皿に盛ったご馳走を近所に配る。

③清明祭の「ぽーぽー（炮炮）」と「ヤマモモ」

清明節は新暦の4月5日からで、中国から伝わった先祖供養の行事。親族が先祖の墓に集まり、持参した料理を食べ合う。「ぽーぽー」は、小麦粉を水溶きして薄く焼き、油味噌を入れてクルクル巻いたもの。

この頃はヤマモモが熟すので、かつては宜野湾（沖縄本島中部）あたりから若い娘さんたちがヤマモモの入った籠を頭にのせて「むむ、こーんそーりー」（ヤマモモ買ってください）と、売りに来たそうだ。ヤマモモは富農の家にしかないので、この娘たちは山で採ってきたヤマモモで、富農の娘を装い、町の富裕な家の嫁に成ろうと、試みていたという。

④ゆっかぬひー（旧5月4日）の「ぽーぽー」と「ちんぴん（巻餅）」

この日の前後にハーリー（爬龍船競漕）がある。4日は子供の成長を願う日で、玩具を買い与えるという風習があり、盛大な玩具市が立つ。家庭では「ぽーぽー」や「ちんぴ」を焼いて楽しむ。「ちんぴ」は黒砂糖入りの沖縄風クレープである。

翌日の5日（4日も）は「あまがし」を神仏に供えてからいただく。これは押し麦、緑豆、黒砂糖の入ったぜんざいのようなもので、緑豆が爽やかで初夏の風情。ショウブの葉を箸代わりに供える。ショウブは悪気を払った。

⑤豊作祈願（やんばる地方）の「麦ぴんぎん」と「うむくじ」

祈願日は集落単位で決める。朝から麦ぴんぎんを焼く。ぴんぎんは那覇地方の「ちんぴ」で、「うむくじ」は薩摩芋の澱粉。これで作った餅は「うむくじむっちー」という。八重山の「くずもち」は薩摩芋澱粉で作る。

⑥お盆の「さとぱんぴん」

宮古地方で「さとぱんぴん」は、サーターアンダギーのことで、13日の精霊迎えの日には、黒砂糖入りの「さとぱんぴん」を作る。まず神棚にお迎えして、お茶とお茶受けに「さとぱんぴん」を供える。

⑦旧暦8月15日の「十五夜のふちゃぎー」

沖縄でジュングヤーといい、この日は餅に茹でた小豆をまぶした餅を、豚肉の大根や冬瓜の汁と一緒に月に供え、仏壇や火の神に供える。

⑧旧暦12月8日の「ムーチー（鬼餅）」

　前日に「ムーチー」を包むサンニン（月桃の葉）やクバ（びろうの葉）を用意し、挽いたもち粉を捏ねる。このとき黒砂糖を入れたりする。平らな楕円形に作り、それをサンニンの葉で包んで蒸籠で蒸す。「ムーチー」を食べると子供が元気に育つといわれ、どこの家でも作った。とりわけ初めての「ムーチー」を迎える子は「初ムーチー」といってたくさん作り、隣近所へ5つずつ配った。「ムーチー」は悪霊を払うとされ、軒下に、「ムーチー」を紐で編み込んで下げる風習がある。

知っておきたい郷土のお菓子

- **琉球王朝菓子**（那覇市）　王家の包丁人新垣氏の子孫が3軒に分かれ、米軍占領下でも作り続けてきた歴史菓子。金楚糕・鶏卵糕・大鶏餃などあり、金楚糕は菊型の他、長方形の「ちんすこう」も作る。

- **花ぼうる**（那覇市）　同上新垣家の3店舗で作る、琉球王朝の宮廷菓子の1つ。小麦粉・ラード・卵は卵黄のみを使った生地を延ばし、手細工で複雑な模様に切りだし、黄金色に焼き上げる。

- **ふちゃぎ**（県内各地）　米粉をこねて蒸した楕円形の餅に、塩ゆで小豆をまぶしつける。旧暦の8月15日の十五夜に家庭で作って供える行事菓子。対馬のだんつけ餅や加賀にもよく似た菓子がある。

- **なんとう餅**（那覇市）　昔は正月に那覇周辺の家庭で作られた。米粉と味噌や胡椒などを練り、月桃葉を敷いたところへ流し入れ、蒸し上げる。東北の「ゆべし」などにも通じ、お祝いに欠かせない蒸し菓子。

- **ちんぴん・ぽーぽー**（全域）　黒糖入りの甘い小麦生地を丸く焼き、細く巻いた「巻餅」。油味噌などを入れて細く巻いた「炮炮」。どちらも元は沖縄の子供の日（ユッカヌヒー・旧暦5月4日）の行事食だった。

- **ぱなぱんびん・たまらんぼう**（多良間島）　地域の行事菓子。「ぱなぱんびん」は花てんぷらという。小麦生地の輪を3つ重ねた形が、那覇の花ぼうろに似ている。「たまらんぼう」は多良間棒で、黒糖と胡麻入りの棒状揚げ菓子。「うーやきがあす」は結納や結婚式などのお祝いに作る薄焼き菓子。

- **クンペン**（全域）　小麦粉と卵と砂糖の皮で、卵黄、胡麻、ピーナツ、桔餅を合わせ餡を包んで焼いた焼き菓子。もとは宮廷菓子で薫餅・光餅

Ⅱ　食の文化編　　103

とも書き、現在は県民の法事などの儀式に欠かせない。

● **タンナファクルー**（那覇市）　黒糖、小麦粉、卵を使った焼き菓子で、首里の玉那覇家がクンペンの庶民向けとして作り始めた餡なしの焼き菓子。佐賀などの黒棒にも通じる沖縄の郷土菓子。

● **サーターアンダギー**（全域）　郷土菓子。小麦粉、砂糖、卵、ラードなどを捏ねて油で揚げた中国風揚げ菓子。祝い事や祭事には拳大の大きな「にいびち用アンダギー」があり、県民に親しまれている菓子。

● **三月菓子**（全域）　旧暦3月3日は雛祭りより沖縄では「浜降り」で、御馳走を持って浜辺で過ごす日。この日の菓子が三月菓子で、サーターアンダギーの生地を長方形に切り、表面に3本縦に筋目を入れ油で揚げる。

乾物 / 干物

島唐辛子

地域特性

沖縄県は日本の南西部に位置する県で、東シナ海、太平洋に面し、49の有人島と大小の無人島を含めて360を数える島々からなり、宮古島、石垣島、与論島、西表島、八重山諸島など観光立国である。

かつて15世紀には琉球王国が成立し、海洋貿易国として栄え、特に中国からの文化の影響を受けた。明治時代に日本に編入されたが、第二次世界大戦以降は米国の占領統治下に置かれ、米軍基地の島となり、その後1972年に日本に復帰した経緯がある。歴史的、地理的、政治的背景から、他県に比べて特色ある文化圏（文化、芸能、風俗など）を持つ県となっている。

気候的には亜熱帯気候で、季節風や毎年の梅雨前線活動による降雨多湿、台風が沖縄本島をはじめ島々を襲うと、各地で冠水や土砂崩れなどの被害に見舞われる。また、大きな河川もなく、雨水は即、海に流れることから渇水にもなり、給水問題なども抱えている。

一次産業である農業は、平野部が少ないため大きな経営はないが、サトウキビ、さつま芋、果樹ではマンゴー、アセロラ、パイン、ドラゴンフルーツなどの生産が多い。また、漁業としてはマグロ、ブリ、クルマエビの養殖も盛んである。

知っておきたい乾物／干物とその加工品

島唐辛子　キダチ唐辛子ともいい、沖縄地方ではたくさん栽培されており、泡盛などに漬けて調味料として販売されている。果実は小さくても大辛で、胡麻油と混ぜて辣油に使ったり、南国の用途幅が多い。

からし粉（芥子粉）　香辛料であるからし粉には、「和からし」と「洋からし」がある。ブラックマスタードの種を粉

Ⅱ　食の文化編　　105

末にした「黒からし」を「和からし」としてきたが、最近はカラシ菜の種を粉末にしたものを「和からし」と呼び、それを練ったものが練りからしとして市販されている。「洋からし」はホワイトマスタードの種を粉末にしたもので、これに水や酢、小麦粉などを加えたものがマスタードとして市販されている。天然の色素であるウコンを使用して、鮮やかな黄色に着色している。沖縄県では島菜が原料である。

ウコン粉末

ウコンはショウガ科の多年草で、英語名ターメリックである。原産国はインドである。根茎に含まれるクルクミンは黄色の染料として、食品添加物、カレーの色付け香辛料として、広く用いられてきている。近年は健康食品として、またサプリメントとして、粉末ものが市場に出回っている。春ウコンと秋ウコンがあるが、効能の違いはわからない。

沖縄乾燥もずく

沖縄では日本で一番生産量の多いもずく。沖縄の海で育ったモズクは冬から初夏にかけて繁茂する褐藻類である。モズクは海藻に付着して育つことから、「藻付く」と名前が付けられた。フコダイン、カルシウム、マグネシウムなど多く含む海藻。

沖縄ひじき

与那原町ひじきは中城湾に面する起伏状の地勢が富んで軟らかく、おいしい。ほかにも、うるま島ひじき、姫島村などが産地。3月が収穫期で、翌年のために根っこの部分を残し、クワで根元を刈り取り、よく水洗いした後シンメー鍋で1時間ほど煮込み、乾燥する。澄んだ青い海の沖縄モズクは未選別で茎が柔らかく、芽ひじきも一緒に食べられるのが特徴である。

沖縄アーサ

沖縄アーサとは、海藻のヒトエグサのことで沖縄ではアーサと呼んでいる。乾燥したアーサは、海の香り、ミネラルが豊富で、評判である。

沖縄イラブー

エラブウミヘビ属である。ヒロオウミヘビや青マダラウミヘビが産卵のために上陸したところを捕獲し、これを硬く乾燥し、燻製にして保存したもの。これを「たわし」でよく洗い流し、ヌルを取り、島豆腐や豚肉、昆布を煮込んでだし汁を作る。利尿作用があり、滋養があるとして人気がある。

沖縄紅芋

皮ごと粉末にしたパウダー。紫紅芋はアントシアニン系色素をもち、抗酸化作用、動脈硬化、コレステロール効果をも

つ。また沖縄紅芋のポリフェノールは活性酸素の働きを抑制する。また食物繊維が多いので、便秘解消にも効果が期待できる。

タピオカ（キャッサバ澱粉）

トウダイグサ科の低木であるキャッサバの根から採ったでんぷん。南米の北東ブラジルが原産で、根茎に多くのでんぷんを持っていることから、食用や工業用原料として広く利用されている。タピオカには小麦粉が含むグルテン質がないので、水分を加えて加熱すると糊化しやすく、食品の増粘剤として冷凍うどん、乾麺類、菓子、ヌードル、ドーナツ、白いたい焼きなどにモチモチ感を出す特徴から利用されている。また、デザート用にスターチボール、タピオカパールなどの小粒に加工したり、かき氷やコンソメスープなどにカラフルな色に染めて使用など用途は広い。近年はインドネシアやフィリピンなどからの輸入がされている。

Column：でんぷん

スーパーマーケットなどに並ぶ食品加工品の多くに、たくさんのでんぷんが使われている。成分表示には「でんぷん」「デンプン」「スターチ」「澱粉」などいろいろな表示がされているが、今から150年ほど前にオランダ語からできた言葉と実証されている。

幕末の洋学者宇田川榕菴のオランダ語の有機化学の訳本の中に「澱粉」の文字が出ている。「沈殿しやすい粉」すなわち「澱粉」と訳したわけである。さらに意訳すれば、「葛粉」「奨粉」「天花粉」なども総称してでんぷんともいえる。根と種子にでんぷんは多く、水に溶けず、放置すれば沈んでしまう。水に混ぜて180℃に加熱すると凝固して糊となる。でんぷんは水素、炭素、酸素からなり、基礎的な特性は今日でも通じる。

現在世界で生産されているでんぷんのほとんどはコーンスターチ、小麦でんぷん、馬鈴薯でんぷん、甘藷でんぷん、タピオカでんぷんである。下記のように原料の種類により、物性が異なるので、加工食品などの要求、利用方法で工夫されている。

・穀類でんぷん：コーンスターチ、小麦でんぷん、米でんぷん、モロコシでんぷん

・いも類でんぷん：馬鈴薯でんぷん、甘藷でんぷん、タピオカでんぷん、ほかにレンコン、クワイなど

・豆類でんぷん：緑豆でんぷん、エンドウ、ソラマメなど
・野草類でんぷん：クズでんぷん、カタクリでんぷん、わらびでんぷん
・幹茎でんぷん：サゴでんぷん

（出典：松谷化学工業 HP より）

III

営みの文化編

伝統行事

爬竜

地域の特性

　沖縄県は、九州から台湾まで伸びる南西諸島の南半分を占める。県域はすべて島嶼からなり、沖縄・宮古・八重山・尖閣・大東諸島で構成される。大・小160もの島があり、それらが南北約400キロ、東西約1,000キロの範囲に点在する。気候は亜熱帯海洋性で、海には珊瑚礁もみられる。年平均気温は22度を超え、冬も温暖である。

　この地域には、15世紀に琉球王国が成立し、16世紀には奄美から八重山までの島々を支配下に治め、海洋貿易国家として栄えた。17世紀初頭に琉球王国は薩摩藩に吸収され、明治時代には新政府によって沖縄県が設置された。昭和に入ると、太平洋戦争で地上戦の舞台となり、戦後はアメリカの占領下におかれた。日本に復帰したのは、昭和47（1972）年のことである。

　伝統工芸では、壺屋焼、紅型、琉球絣、宮古・八重山上布、琉球漆器、ガラス細工などを発達させている。方言や民謡、舞踊などにも独特の琉球色を伝える。

行事・祭礼と芸能の特色

　民俗行事と民俗芸能の宝庫である。古くは薩摩の統治、戦後はアメリカ軍の駐留など外圧が続くなかで、よくぞその伝統が途絶えなかったものである。沖縄のしなやかな文化力、と認識すべきであろう。

　一般に豊年祭といわれるものが、7月から8月にかけて各島々で行なわれる。稲作の発達は、ほとんどみなかったが、鹿児島県下の十五夜祭と台湾山地の収穫祭との類似性から、農作の一期収穫時に合わせた祝いといえるだろう。それに対して、竹富島の種取祭は、二期の収穫時に合わせるかたちであるのも注目に値する。

　民謡や舞踊にも独特の風がある。文化財としての伝承だけでなく、その

音律や所作を生かしながらの歌謡や演劇の創作も盛んである。沖縄の島々は、民俗芸能を生み続けるところ、ともいえよう。

主な行事・祭礼・芸能

マユンガナシ　八重山諸島の石垣島川平（かびら）では、農耕暦の新しい1年がはじまる節祭の旧暦9月の 戊 戌（つちのえいぬ）の日から5日間の間、マユンガナシ（真世加那志）という来訪神（ニライ・カナイ）が現われる、といい伝える。そして、家々を巡って神言葉（かんふつ）を唱えるという行事が伝わる。そして、このマユンガナシの登場を境に節があらたまるとし、これを「初正月」と呼んでいる。マユンガナシの来訪は、昔、川平にクバ笠をかぶって蓑（みの）を着た旅人が訪れ、一晩の宿を乞われた主人がもてなしたところ、それが神様であった、という故事にもとづくといわれている。

まつりの1日目、日が暮れあたりが暗くなると、マユンガナシが家々を訪問し五福（富貴・繁栄・長寿・健康・豊作）を授けて回り、夜明けにニライの国（神の国）へ帰る、とされる。2日目は、家々では、村のフウカア（大井戸）からスデミズ（若水）を汲んできて、それでご飯を炊き祖霊に供えて家族の1年間の無病息災を祈る。3日目には、ニランタウヤン（ニライの大王）を村の番所に迎え、舞踊や獅子舞・太鼓・狂言などを奉納する。4日目は、早朝に35歳以下の女子によるシットウイと獅子祭が行なわれる。シットウイとは、夜這いに来た他村の青年を追い払う所作である。そして、最終日の5日目は、ニランタウヤンをニライの国へ送るまつりが行なわれる。

なお、マユンガナシになる青年は、ムト（神事の責任者）によって戌年生まれの12人が選ばれる。マユンガナシになると、その間は言葉をかわすことが厳禁された。その禁をやぶると村に災いがある、といわれた。

ハーリー　海人が海の神へ豊漁と航海の安全を祈願して行なうハーリー船（爬竜船）による競漕。旧暦5月4日、沖縄各地の漁港で行なわれる。ふだん海で鍛えた若者たちが小型の漁船サバニ（くり船）で競漕する。爬竜船とは「竜」を描いた船を「爪」でかき走らすという意味。竜の爪にあたるのは、サバニを漕ぐ櫂（エーク）で、呼吸の合った漕ぎ手たちのエークが水を掻いて波に乗る姿は、まさに竜のようである。

沖縄のハーリーは、中国福建省や広東省などの東シナ海沿岸部で端午（たんご）の

Ⅲ　営みの文化編　　**111**

節供の行なわれる「龍船節」と同じ起源をもつ、といわれる。長崎で行なわれるペーロンも起源は同じである。

なお、ハーリーは、糸満市をはじめ那覇市・具志頭・王城・豊見城ほか多くのところで行なわれ、その特徴もさまざまである。

アカマタ・クロマタ

アカマタとクロマタは、八重山諸島の豊年祭に登場する来訪神である。アカマタ・クロマタが来訪するまつりは、7月ごろに集落単位で行なわれる。

アカマタ・クロマタの容姿（仮装）は、全体が草に覆われ、ずんぐりとしており、だるまやフクロウにも似ている。アカマタ（赤面）・クロマタ（黒面）は、縦長の鼻に丸い目と細かいギザギザの歯を持つ。目と歯の両端に細長い鬚もある。目と歯に光が当たると、反射して輝く。

アカマタ・クロマタは、西表島東部の古見が発祥、といわれ、小浜島・石垣島宮良・上地島に伝わっている。西表島古見では、この2神に加えてシロマタが現われる。来訪行事を実施するのは、地区住民のなかで審査を経た有資格者（青年）に限られる。かつては、西表島北部の他の地区や下地島でもみられた、という。

アカマタ・クロマタが来訪するまつりの詳細は、通常は島民にも知らされず非公開の秘祭とされる。夕方、どこからともなく現われ、村の一軒一軒を一夜をかけて回り、朝方にどこかは消えてしまう。

まず、十数人の太鼓隊が家々の門をくぐり、左右に分かれて庭周辺を回り、太鼓をたたきながら歌いアカマタ・クロマタを呼びよせる。やがて、2神が門をくぐって、庭の中央に登場。2神は、威勢のいい太鼓隊の歌にあわせ、両手に棒を持って打ち鳴らしながらユーモラスに踊る。終わると、「なみだ」という殺気だった若者たちに警護されながら次へと移動していく。

シヌグ

沖縄本島国頭村安田で隔年の旧暦7月はじめの亥の日、稲の刈上げのころに行なわれるまつり。もとは、4日間続いたまつりで、2日目に若者たちが神に扮して村内の各戸を訪れる行事がみられる。来訪神信仰の儀礼としては、沖縄本島地区の代表的な行事であり、ウンジャミ（海神）祭と並ぶ重要な祭祀である。

シヌグとは、兄弟、あるいは男同士のまつりという意味があり、若い男たちが中心のまつりである。若者たちは、山に入り、山の神に農作物の豊作と集落・家族の繁栄を祈り、海に向かっても同様の祈りを捧げる。そし

て、全身にクロッグという木の葉をまとい、神に扮して山から下りる。先頭の者は巳年生まれと決められており、その一人だけ赤塗りのチヂン（鼓）を持って打ちながら歩く。これに従う一同も、鼓にあわせて声をあげ、家から家を訪れる。それを神の来訪として、集落の男性はシヌグモウという仮屋に籠り、女性はアシャゲニワ（斎庭）で斎籠りをして迎える。ナマハゲ（秋田県）やボゼ（鹿児島県）などよりも、いっそう古いかたちの神人来訪の儀式ということができよう。

なお、安田のシヌグは、昭和53（1978）年に国の重要無形民俗文化財に指定された。

島々の豊年祭

7月中旬から8月上旬にかけて、とくに八重山地方ではあちこちで豊年祭が行なわれるが、なかでも石垣島の四ヶ字と呼ばれる新川・登野城・石垣・大川の4地区が合同で行なうこの豊年祭は、最大規模を誇るものである。

まつりの期間は2日間。初日は、各字にある御嶽（オン＝拝所、一般にはウタキ）でその年の収穫への感謝儀礼が行なわれ、太鼓や獅子舞や踊りなどが奉納される。オン単位で行なうことから、これをオンプール（オンプーリィ）と呼ぶ。2日目は新川にある真乙姥（マイツバ）で翌年の豊年を願う予祝行事が行なわれる。これは、村をあげて行なうことからムラプール（ムラプーリィ）と呼ばれる。ほかにも石垣では、川平豊年祭、大浜豊年祭、平得・真栄里豊年祭、白保豊年祭などがみられる。

多良間島の豊年祭は、毎年旧暦8月8日から10日までの3日間行なわれる。そこでは、五穀豊穣を祈願し、八月踊などが奉納される。

豊年祭の起源は17世紀までさかのぼる、と伝わる。当時、宮古や八重山地方では、15歳から50歳までの農民に穀税のほかに布税が課せられていた。それらの重税を旧暦7月までに完納し、翌8月に仲筋地区の土原御願、塩川地区のピトゥマタ御願にそれを報告し次年の豊作祈願をする。それを例祭化したのが豊年祭のはじまり、という。そして、重税を納めた島民が盛大に祝い、楽しみ、慰め合った祝席で踊りだしたのが、現在まで伝わる八月踊である。八月踊には、組踊・女踊・若衆踊・二才踊・棒踊、それに獅子舞などがある。

なお、多良間島の豊年祭が、昭和51（1976）年、国の重要無形民俗文化財に指定されている。

Ⅲ　営みの文化編　　113

ウンガミ（ウンジャミ）

本島北部の国頭地方で、旧盆まつりの前後の亥の日に行なわれる古式豊かなまつり。「海神祭」と書き表わすのがよい。

まず、神女たちが海と御嶽（うたき）に向かい、手を合わす。これは、海神（ニライカナイ）と山の神（祖霊神）を迎えるためである。その後、海の神に扮した神女（神職者）たちが、青の衣に漂着した藻草の類をかぶって現われ、村代表の男たちを内にして円陣の神舞を行なう。次いで、山の神に扮した神女たちが現われて、海神と同じように村の代表の男たちを囲んで神舞を行なう。

このまつりが終わると、村の海岸から塩屋に向かってサバニ（小型のくり船、漁船）の競漕がみられる。各々の船には海神が分乗している、とする。このとき、各村の婦人たちが海に入って自分の村にいちばん早く海神が着くように太鼓を叩き歌を歌って声援を送る。

なお、ウンガミは、塩屋湾のウンガミとして平成9（1997）年、国の重要無形民俗文化財に指定された。

エイサー

盆の時期に踊られる伝統芸能。ヤイサー・エンサーの他、七月舞（しちぐわちもーい）・念仏廻（にんぶちまーい）などとも呼ばれる。盆に戻ってくる祖先の霊を送迎するため、若者たちが歌と囃子にあわせて踊りながら練り歩くもの。かつては、祝儀を集めて集落や青年会の活動資金とする機能も重視されていた、という。

エイサーは、旧盆の送り（ウークイ）の夜に行なわれる。近年は、盆の迎え（ウンケー）から数夜連続で行なわれることが多い。旗頭を先頭とした一団は、各戸を回り、それぞれの家の祖先の霊が無事に後生（グソー＝あの世）に戻れることを祈願してエイサーを踊る。踊りが一段落すると、一団は酒や金を受け取って次の家に向かい、祈願と踊りを繰り返す。エイサーは、町内単位で結成されることが多いが、境界のあたりでは複数のエイサーがかち合うこともある。そうしたときは、双方がいっそう声を張りあげ踊りに熱を入れることになる。これをエイサーオーラセとかエイサーガーエーと呼ぶ。

竹富島のタナドゥイ

「種子取祭」。八重山群島で竹富島だけに残されて伝わる古典行事。豊年祭の一種で、開墾から種蒔き、獲り入れまでの農事を演じて豊年を祈願する。神事、奉納芸能、

世乞い（ユークイ）が一体となった600年の歴史を誇る竹富島最大のまつりである。世乞いとは、夕方から翌朝まで銅鑼や太鼓を鳴らし家々をめぐって庭先で歌い踊るもので、各家ではタコとニンニクが振るまわれる。旧暦9月・10月のうち戊子の日を中心とした一定期間を祭日としている。

　終わりの2日間は、町の善男善女が斎戒沐浴をして拝所（神社）に集まり、祈願ののち夜を徹して踊りや村芝居に興じる。また、選ばれた娘たちが、当日の朝から御前風（老人踊）など数々の踊りを踊り、夜は家々を巡っても踊る。翌日はまた神社で踊る。慶良間島では、かつてはノロ（巫女）が八重の神に扮して神人を従えて村に来臨するという行事があったが、いまは廃れてしまった。

　なお、このまつりは、「竹富島の種子取」として昭和52（1977）年に国の重要無形民俗文化財に指定された。

イザイホー

南城市にある久高島で、12年に一度、午年の旧歴11月14日から4日間行なわれる奇祭。久高島で生まれ育った30歳以上の既婚女性がノロといわれる神女（巫女）となるための入巫儀礼である。原則として、その条件を満たすすべての女性が、この儀礼を通過することになっている。600年以上の歴史をもち、来訪神信仰の儀礼として日本の祭祀の原型をとどめる、とされる。

　琉球王国時代において最高の聖域とされた久高島には、古くから「男は海人、女は神人」という言い伝えがあった。これは、琉球王国の信仰基盤となるおなり神信仰を象徴するものであり、すべての既婚女性は、30歳を越えるとこの儀式を経て神女になるとされたのだ。

　イザイホーは、ニルヤカナヤ（ニライカナイと同様の他界概念）からの来訪神を迎え、新しい神女をその神々に認証してもらい、島から去る来訪神を送るというものである。

　久高島の巫女（神女のなかの上位者）集団は、久高家と外間家の2家から成り、それぞれに最高職のノロがいる。補佐役にはウッテガミ。さらにその下に61歳から70歳のタムト、54歳から60歳までのウンサク、42歳から53歳までのヤジクという3階級の巫女グループに分かれている。新たに参加する31歳以上の巫女は、ナンチュと呼ばれる。ナンチュは、祭礼の1月前から島の7カ所の御嶽（ウタキ）に参拝し、それぞれの神の名をいただく。ここで、神々から巫女になるべき霊力（セジ、シジ）を受ける、と

Ⅲ　営みの文化編　　115

される。

そして、11月15日から、夕神遊び（ナンチュの加盟儀式）をはじめ、種々の儀礼が執り行なわれる。たとえば、11月16日・カシラタレ遊び（ナンチュが昨日のままの洗い髪＝髪垂れ＝カシラタレで踊る）、17日・花挿し遊び（ナンチュが先輩巫女に引率され白大衣の扮装をしてイザイ花と呼ばれる花飾りをつけて祝詞・神歌を唱えながら旋回する）、18日・アクリヤーの綱引き（巫女全員と男性の綱引き）、御家回い（ナンチュは家に帰り、そこで祝福を受ける）、桶回い（巫女一同が集まり神酒をいただき自然を神を賛美する歌を歌う）など。だが、昨今は島の過疎化が進みナンチュとなる女性の不在や儀礼を進めるノロの逝去などにより、昭和53（1978）年を最後に現在まで行なわれていない。

ハレの日の食事

琉球料理は、中国の食文化の影響を受けて豚肉を多用している。たとえば、ラフテー（豚バラ肉を醤油ベースの出汁で煮込んだもの）やソーキ汁（豚の骨付きのあばら骨とコンブ・ダイコンの煮込み汁）、足ティビチ（豚足の足先を素材に、ダイコン、ゴボウ、鰹節と一緒に煮込んだ料理）など。

祝い事や法事には、かまぼこが用意される。紅白のかまぼこ、卵をたっぷり入れた卵かまぼこ、魚のすり身に高菜漬けを混ぜた高菜かまぼこ、揚げかまぼこなど、その種類は多い。正月には、上流家庭では四ツ献料理（赤飯・大煮またはヌンクウ・酢の物・すまし汁）が用意される。

寺社信仰

波上宮

寺社信仰の特色

　沖縄県での寺社信仰の歴史は浅く、13世紀後半に中山の英祖王が浦添城の西に禅鑑を開山として補陀洛山極楽寺を創建したのが最初と伝える。1368年には薩摩国坊津一乗院の頼重が熊野三所権現（阿弥陀如来・薬師如来・観音菩薩の各像）を祀り、真言密教の護国寺を開創したという。

　15世紀前半には報恩寺など琉球十刹が整備されたとみられ、15世紀後半には渓隠安潜の天界寺や煕山周雍の安国寺・神応寺、芥隠承琥の円覚寺・崇元寺が開かれるなど、臨済禅が栄えた。

　神社としては、14世紀に護国寺とともに創建された可能性のある波上宮や、1451年に天照大神を勧請して創建されたと伝える長寿宮（浮島神社）が始まりとされている。

　波上宮は琉球八社の筆頭で、琉球王国総鎮守とされる。琉球八社は真言宗の琉球八公寺が別当を務めた神社で、護国寺の波上宮、遍照寺の末吉宮、臨海寺の沖宮、神徳寺の安里八幡宮、神応寺の識名宮、聖現寺の天久宮（以上那覇市）、神宮寺の普天満宮（宜野湾市）、観音寺の金武宮（金武町）の8社であり、安里八幡宮以外はすべて熊野権現を祀った。

　那覇市で英霊18万柱を祀る沖縄県護国神社など、多くの県民の参拝を集める寺社も少なくないが、広く深く県民の信仰を集めているのは、オンやスクなどともよばれている御嶽である。

　御嶽はムイ（森／杜）や山ともよばれ、枇榔（久葉）などが鬱蒼と繁っており、社の原型とも考えられている。世界遺産「琉球王国のグスク及び関連遺産群」にもなっている斎場御嶽（南城市）が最も有名で、琉球創成神アマミキヨがつくったと伝える琉球開闢七御嶽（首里城内の真玉森御嶽や国頭村辺土の安須森御嶽など）の中で最も重視された。

　多良間島では八月御願に各御嶽で〈多良間の豊年祭〉†が盛大に行われ、ユネスコ無形文化遺産「組踊」などが奉納される。

凡例　†：国指定の重要無形／有形民俗文化財、‡：登録有形民俗文化財と記録作成等の措置を講ずべき無形の民俗文化財。また巡礼の霊場（札所）となっている場合は算用数字を用いて略記した

主な寺社信仰

照太寺
伊江村西江前。臨済宗妙心寺派。浮亀山と号する。本尊は聖観音。伊江島の西部、ビジル石のあるニャティヤ洞の北に建つ。1554年、当地に夜ごと大光明があり、その源を捜索したところ1枚の古鏡を得た。これは伊勢天照太神の垂迹であるとして、琉球国王尚清が権現堂を創建して奉安し、崇敬のため草庵に沙弥を置き、天照太神を祀ることから照太寺と号したという。権現堂の背後にある鍾乳洞はニィヤティヤ洞につながっていると伝える。西江前にも伝承されている〈伊江島の村踊〉†は、青年による二才踊に足首を曲げる独特の所作があり、紋付の黒の綿衣を着るなど、県内他地域にはない特色をもつ。琉球王朝時代、島民の少なからぬ人々が領主に随行して薩摩や江戸に出ており、そのため、大和言葉の歌や『仮名手本忠臣蔵』が組み込まれたと考えられている。

スク森スク嶽
大宜味村田港。田港御嶽や底嶽ともよばれる。集落の東側の山中にあるグスクで、日頃は麓の苗代にあるイビ庭（御宮）から遥拝するという。1713年の『琉球国由来記』にある田湊村の「底森」のことであろう。神名はイベナヌシとある。拝所には石鳥居が建ち、祠内に多くの香炉が置かれている。背後に生い茂る鬱蒼とした常緑広葉樹林には柞木や赤木など85科242種の古い植物が確認されており、国指定天然記念物「田港御願の植物群落」となっている。田港では旧盆明けの最初の亥日を中心に〈塩屋湾のウンガミ〉†（海神祭）を実施しており、1年交代で御願廻りと踊廻りを行っている。祝女による神迎えに始まり、ウフェ屋での拝み、男衆による勇壮なハーリー（爬竜船による競争）、女衆による素朴な踊りなどさまざまな神事・芸能が奉納される。

安田の神アサギ
国頭村安田。集落の中心に建ち、周囲にはニードーマー（根所）や火の神の祠（旧家の跡地）がある。茅葺き屋根で軒が低く、柱が12本あり、壁と床がない、穴屋形式の祭屋である。村で茅葺き屋根の神アサギが残るのは安田のみである。線香を置く石や線香を立てる方向は、北にあるササのウガンバラを向き、内部の大きな容器には神酒を入れる。柱の数は神女の人数に対応している。昔は安波のノロが祭祀を管轄した。神アサギは沖縄北部から奄美南部に分布し、それをもつ村は17世紀以前（古琉球時代）に成立した古村と考えられる。

隔年の旧暦7月初亥日には〈安田のシヌグ〉†が当所を中心に営まれる。安田では豊年祭のシヌグと海神祭のウンジャミが隔年交互に行われている。

泡瀬ビジュル

沖縄市泡瀬。泡瀬神社や美津呂神社ともよばれる。泡瀬の最初の住人である高江洲義正が漁に出た際、海に浮かぶ2体の粟石を発見して祀ったのが始まりと伝え、航海安全や無病息災、子宝・子授けの信仰を集めている。ビジュルは賓頭盧の転で、人の形をした霊石を指すという。隣接して前之御嶽・東之御嶽・火之神・産井川などがあり、裏手の臨済宗妙心寺派天徳山龍福寺は英祖王が創建した沖縄最初の仏教寺院である補陀落山極楽寺の後身であるという。例祭は旧暦9月9日と旧暦5月5日で美津呂詣が行われる。〈泡瀬の京太郎〉‡は1906年に村で当社を改築し、共同井戸の川之毛を改修し、葬式に使う輿を新造した祝賀として青年らが披露したのが始まりという。腰に馬の頭を付けた馬舞者や陣笠を被った踊り手らが太鼓や歌三線に合わせて御知行などを演じる。

仲間之寺

浦添市仲間。琉球国中山の王宮であった国史跡「浦添城跡」の西、仲間集落の中心に建つ。旧王墓の浦添ようどれ（極楽）のほぼ真西に位置する。一帯は御願小山とよばれ、久葉下之御嶽もあり、昔は大木が鬱蒼と茂っていた。仲間集落発祥の地で、裸世の時代には久葉の下で出産し、石で積み封じた神墓があったと伝える。寺は『琉球国由来記』に記されている「長堂之嶽」に該当すると考えられ、横穴の洞窟で、村の神霊が鎮座する場所といわれる。沖縄戦の後、穴は埋め立てられ、再建された祠の中から穴に入るように改造された。旧暦1月2日の初拝み、旧暦5月15日と旧暦6月15日の稲二祭、旧暦12月24日の御願解きに村拝みがある。浦添では旧暦8月15日の十五夜祭に、仲間・仲西・勢理客で獅子舞が披露されるが、なかでも〈勢理客の獅子舞〉‡は芸術性が高いので知られている。

八幡神徳寺

那覇市安里。真言宗。琉球八公寺の一つ。高明山と号する。本尊は不動明王。昔は中城村の糸蒲寺（田芋発祥の地）にあった不動尊像が本尊であったが、1685年に頼久和尚が日護摩のため波上宮の護国寺に遷した。その像は糸蒲寺が焼失した際、首里城の漏刻門へ飛来し、円覚寺の法堂に安置されたのを、頼聖が王府に奏上して本尊に迎えたと伝える。頼聖住持は普天間宮の神宮寺や識名宮の神応寺の

Ⅲ　営みの文化編　119

住職でもあった。1701年、慧朗阿闍梨が住して新たな像を祀っている。沖縄戦で寺は焼失、住職の仲尾次盛孝も戦死した。隣には当寺が別当を務めた安里八幡宮があり、旧暦9月の例大祭には菊酒の振る舞い、〈那覇安里のフェーヌシマ〉‡や沖縄空手の奉納がある。フェーヌシマは南之島の棒踊と大和の念仏踊が融合したもので、赤毛を被り、腰蓑を着け、4尺棒を手に踊る。

フボー御嶽

南城市知念久高。沖縄本島の東に位置する久高島にあり、島内で最も神聖な場所となっている。琉球開闢七御嶽の一つ。大拝や「久高コハウ森」とも称され、聖なる木である久葉（枇榔）が生い茂っている。久高島は琉球の祖神アマミキヨが天から初めて降臨した「神の島」とされ、琉球王国時代の王権祭祀の祭場であり、古い民俗をよく伝承している。火祭、浜シーグ、妖怪日、ヒータチなど多くの祭が当所で営まれており、ティリリサカ（王城への遥拝所）とワカリカサ（首里への遥拝所）を併設している。近くには葬り場であるウティキンもある。島では「男は海人、女は神人」といわれ、男は漁師となって〈久高島の漁撈習俗〉‡を伝承し、女は午年のイザイホー（神女就任式）を経てヤジク（神女）に入るが、永良部海蛇の手摑み漁は女性も行っている。

漲水御嶽

宮古島市平良西里。天帝が天岩戸の柱の端を折って下界の大海原に投げ、初めて下界につくった陸地が宮古島で、人の世を建てさせるために下した古意角と姑依玉の2神が降臨した場所であると伝える。司家ともよばれ、宮古島の信仰の中心であり、1611年には薩摩藩が宮古神社（宮古熊野三所大権現）と臨済宗妙心寺派龍宝山祥雲寺を東隣に造営している。日頃から参拝の絶えない聖地であり、旧暦2月にはダミ、旧暦3月には竜宮マンツ、旧暦6月にはユーダミ、旧暦9月には世乞、旧暦12月には年の晩の祈願が行われている。7月の宮古島夏まつりでは女性たちが〈宮古のクイチャー〉‡（声合わせ）を踊り、五穀豊穣と無病息災を祈願している。なお、宮古神社では現在、島の豊見親（首長）であった、与那覇勢頭（恵源）・目黒盛定政・仲宗根玄雅の3人も併せて祀っている。

大御嶽

宮古島市上野野原。野原岳の麓、大嶽城址公園内の東端に鎮座し、東御嶽や平屋久御嶽とも称する。ピギタリ世主を祀る。大嶽城は大嶽按司の居城であったが、14世紀中頃に与那覇原の軍に滅ぼ

された。按司の次男は城の東門（中御嶽）を、三男は西門（西御嶽）を守って戦死したが、長男のピギタリは戦乱を厭って平屋久峰に隠れ住んだ。戦後、ピギタリはウパアラス原を開拓し、野原の礎を築いた。旧暦8月15日には当地で司が祈願をした後に〈野原のマストリヤー〉‡が行われ、かつて納税穀物を計量した枡取屋での直会や、祭場での棒踊・抱踊・投踊・巻踊などが繰り広げられる。また、旧暦12月末丑日には当地から、平良島尻のプナカとともに〈宮古島のパーントゥ〉†として知られる、里祓の行列が発進し、西端のムスルンミまで辻々で厄払いをしながら練り歩く。

嘉保根御嶽

竹富町小浜。小浜島の中心に鎮座。琉球王朝時代、貢納のため首里へ渡る兄の航海安全を祈願した妹が、願解きに竜宮の神を祀ったと伝える。聖なる密林の手前には赤瓦屋根の立派な拝殿がある。神庭の入口には純白の鳥居が建ち、その脇にはカンドゥラ（雷）石が2つ置かれている。昔、雷鳴とともに空から落ちてきて大雨を降らせたと伝える霊石で、力石ともよばれている。村では日照りが続くとこの石を担いだり投げたり、大岳から転がして雨乞いをする。神庭で旧暦8月に行われる結願祭は、旧暦6月にアカマターとクロマターが現れる秘儀のプイ（豊年祭）と並び、島最大の祭となっている。そこで披露される初番狂言・芋引踊・ダートゥーダーなどは島独特の演目で、無蔵念仏・精霊踊・歌謡などとともに〈小浜島の盆、結願祭、種子取祭の芸能〉†と称されている。

喜宝院

竹富町竹富。竹富島の中心である世持御嶽の西に建つ。日本最南端の寺として知られている。1957年、浄土真宗本願寺派の竹富詰所長であった上勢頭亨（1910〜84）が開創した。上勢頭は少年時代から島の民芸品や日常品を集めており、1960年には蒐集館を建てて公開を始めた。私設の民俗博物館ではあるが、展示物は4,000点にのぼり、月桃でつくった草履など842点は〈竹富島の生活用具〉‡に登録されている。上勢頭は僧侶でありながら民俗学者でもあり、島の文化や自然を守る指導者でもあった。島最大の祭は〈竹富島の種子取〉†で、11月に世持御嶽の前で十人や馬フシャー、実直女、種蒔、サングルロなど各種芸能が演じられる。初日には世乞と称し、踊子が各戸を訪ね踊る巻踊がある。世持御嶽の裏には石垣島に狼煙で異常を伝えた火番盛の小城盛が残っている。

大竹御嶽
おはたきうがん

竹富町祖納。昔、祖納の中心であった上村にあり、祖納の神行事のすべてが当所を中心に催される。一帯は久葉が群生するが、1本だけタブの老木がそそり立ち、神木とされている。祖納を開いた大竹祖納堂儀佐を祀り、大嵩根所とも称される。儀佐は15世紀頃に中国大陸から鉄を輸入して鍛冶を始め、農業を盛んにした按司で、与那国島も治めたと伝える。祖納は西表島の政治的中心であり、16世紀頃に活躍して西表の開祖とされる慶来慶田城用緒は同じ上村の慶田城御嶽に祀られている。祖納では隣の星立（干立）とともに〈西表島の節祭〉†が伝承されている。毎年旧暦9月頃の己亥日から3日間行われ、五穀豊穣を願う前泊穀御嶽の前の砂浜を舞台に世乞の舟漕や弥勒舞、節アンガマが披露される。

伝統工芸

琉球紅型

地域の特性

　沖縄県は日本列島の最南端に位置し、鹿児島から先島諸島へと連なる大小160もの珊瑚礁の島々からなる。亜熱帯の常夏の島であるが、近年とみに猛威を増す台風にさらされる日本の最南端の玄関口でもある。

　沖縄の島々は、自生する植物が生み出す独特の色を大切に伝えている。植物染料の多くは、日光に長時間さらすと色が褪せるが、紅露、車輪梅、福木、琉球藍は、南国の強い太陽光線を浴びてこそ染料のもち味を存分に発揮し、堅牢さを帯びる。琉球びんがたには、沖縄ならではの柄が、植物染料と、臙脂、朱などの顔料とを用いた独自の手法で描かれる。

　色は光の反射によって認識され、場所によって情趣が異なる。宮古上布や芭蕉布、藍型に欠かせない琉球藍には、少し黒味を帯びた独特の色を出す独自の技術が継承されている。光の色が彩なす沖縄の自然が、染織列島ともいわれる、貴重な染め織りの技を育んできた。

　染織だけでなく、陶器や漆器など沖縄の伝統工芸は、琉球王家のもとで高度に洗練されたが、島民は17世紀初頭に薩摩藩に吸収されて以来、人頭税などの圧政に苦しんだ。琉球王国も、1879（明治12）年、明治政府の「琉球処分」により国解体、首里城は明け渡され沖縄県となった。太平洋戦争では、地上戦の舞台となり、人口の4分の1にあたる12万人が犠牲となった。戦後27年間にわたってアメリカの占領下に置かれ、復帰後も基地が据えおかれるなど、今なお苦難は続くが、常夏の海と花に彩られる島々は、旅人憧れのリゾートであり、伝統工芸を訪ねる人々も多い。

伝統工芸の特徴とその由来

　沖縄県は、14～19世紀までは、琉球王国として尚王家のもと「礼の国」と謳われ、中国と友好関係を維持しながら、日本や東南アジアの国々との

Ⅲ　営みの文化編　　123

中継貿易によって栄えた工芸文化咲き誇る地域であった。歌舞音曲、工芸、料理など現在の沖縄の核をなす文化の熟成期で、その盛んな様はルネッサンスにも例えられる。現在も沖縄音楽に欠かせない楽器、「三線」は、中国から琉球王家に伝えられ、宮廷楽器として発達したといわれている。琉球漆器も、15世紀頃に中国から伝来した技法に始まり、首里城の多彩な宝物をつくり上げた。シーサーなどで親しみのある壺屋焼も王家の開かせた官窯から始まった。

　特に染織は絣や紅型が伝播し、王家を中心として各地で技が磨かれ、洗練をきわめた。絣は首里の王府内の納殿の絵師の手になる御絵図帖を各産地に遣わし、色、柄を細かく指示して貢納布として織らせた。王妃・王女も機に向かったとされる。首里城の白く輝く城壁や石畳を行き交う琉装の中で、風光に最も映えるのは、王家専用の禁色とされた太陽の色、黄色であったというが、沖縄県の伝統工芸の色は深く鮮やかである。

知っておきたい主な伝統工芸品

琉球びんがた（那覇市、宜野湾市、浦添市ほか）

青い空、碧い海、白いサンゴなど彩りをくっきり分ける強い日差しの沖縄から生まれた県唯一の後染めの布の伝統工芸である。花鳥風月などの自然や幾何学文様などを臙脂、朱、石黄、墨、胡粉などの顔料と、福木、蘇芳、藍などの植物染料を併用して鮮やかに染めるところに特徴がある。

　技法には型付き（型染）と、型紙を用いずに生地に下絵を描き、糊袋の筒先で下絵の上に糊を置き、その後彩色する筒引き（筒描き）があり、色調は朱や紅を主に紫、黄、青、緑などを加えた紅型と藍一色の藍型がある。生地には綿布、絹布、芭蕉布が使われる。

　型紙は、柿渋で手漉き和紙を張り合わせた地紙の下に、ルクジュウ（陰干しし乾燥させた豆腐）を下敷きにして、下絵に沿ってシーグ（小刀）で突き彫りしてつくる。ルクジュウは表面が硬く中は軟らかいので滑らかな線が描け、これが文様に優しさと立体感を与える。滲みを防ぐため呉汁を引いた生地に、型紙を置き、糠ともち米を混ぜた糊をヘラで置く。筒引きでは、糊袋の筒先から一気に模様を描いていく。模様部分は顔料、地色は植物染料で染めることが多い。図柄の要所には、隈取りを施す。隈取りとは、

色挿しした濃い色を、女性の髪の毛でつくった刷毛で刷り込みながらぼかす手法で、奥行きと立体感を生み出す紅型独特のものである。

　紅型の起源は14〜15世紀とされるが、尚敬王（在位：1713〜51年）時代に爛熟期を迎え、華麗さを増す。海外交易により、中国の印花布（中国更紗の一種）や日本の友禅などの影響を受けながら発達したため、伝統柄には雪や枝垂れ桜など本土的なものや、鳳凰など中国的なものが多く描かれている。

　民藝運動の柳宗悦に「おそらく女のきものとしては世界で最も美しい一つ」と絶賛された紅型だが、第二次世界大戦では沖縄が焦土となり、多くの人や紅型などの文化財が失われた。壊滅的な被害の中で、戦後残された人々が「琉球紅型技術保存会」をつくり、紅型の復興と振興をはかって、占領軍の米軍将校への販路の拡大にも努めた。

喜如嘉の芭蕉布（国頭郡大宜味村）

芭蕉布は麻よりも繊維が堅いため軽く張りがあり、一層さらりとした肌触りで、「蝉の羽衣」と例えられる。いかにも夏の衣料としてふさわしい風合いを漂わせる。かつての沖縄では、日常着として織られていたが、現在では稀少価値が勝り、もっぱら伝統芸能などの衣裳や、一部の愛好家の帯地、きものなどきわめて趣味性の高い贅沢品となっている。

　材料の採取は、イトバショウ（糸芭蕉）の栽培から始め、成熟まで3年。1本から取れる繊維は20gほどできもの1反織るのに約200本必要とされる。きものになるのは中子と呼ばれる内側の上質な皮のみで、外側の中苧は帯やネクタイ、さらに上皮部分はクッションやテーブルクロスなどに使用される。皮を剥いで灰汁で煮て、竹ばさみでしごいて糸をとり、機結びでつないでいくが、この苧績みといわれる作業が製作工程では最も時間がかかり、さらにいくつもの工程を経て糸染めを行い、機にかけられる。織は作業全体の100分の1程度といわれる所以である。「バショウ（芭蕉）の本性は、硬くて手ごわい、野獣のような糸です。布に仕上げるまでには、何度も何度も繰り返し木灰で炊きます。昔からほとんど変わらない作業ですが、どの段階でも手を抜けばたちまち仕上がりに影響する、正直な布です」と語る染織家の平良敏子の言葉は含蓄がこもっている。

久米島紬（島尻郡久米島町）

久米島紬の典型的な色は、泥染による黒褐色の地色である。テカチ（車輪梅）か

Ⅲ　営みの文化編　　125

グール（サルトリイバラ）に浸けて干してを80回ほど繰り返した後、泥に2時間浸け置き、洗って干しを延々と繰り返し泥の鉄分とテカチのタンニンの反応を促す。絣の図案作成に始まり、糸紡ぎ、染料植物の採取、染め、織り、仕上げの全工程を一人で担うのが基本とされるが、10月末から1カ月ほどかけて1年分の糸を染めるこの作業だけは「ゆいまーる」といって近所で協力し合う。質朴で奥床しさを漂わせる、どこか懐かしい絣は、織り上がった後、洗ってたたみ、綿布に包んで砧打ちを行うので、布目がそろい、しなやかさと艶が醸し出される。

　始まりには諸説あるが、14世紀頃、南方貿易によりインドから伝わった日本最古の絣織物とされている。15世紀の後半からは、貢納布として首里王府に納付。色柄は御絵図帳に定められ、少しの乱れも傷も許されなかった上、越前の養蚕、真綿の製法や、八丈島の泥染も伝えられて付加価値が高まり、精巧さをきわめた。薩摩を経て江戸に送られ、「琉球紬」として珍重され、久留米絣、結城紬などにも多大な影響を与えたため、「日本の紬織物の故郷」とも称された。技術・技法と質の向上の背景には薩摩藩の琉球入りに伴う貢納布織りの強制の歴史が反映されている。

宮古上布（宮古島市、宮古郡多良間村）

琉球藍による濃紺の染めと、紙のような薄さ、ロウを引いたような光沢が宮古上布の特徴である。極細の糸で織りなすしなやかで透けるような薄さと1反わずか250～400gという軽さが絶賛され、新潟県の越後上布とともに、夏の高級衣料の双璧とされてきた。

　14世紀から織られており、宮古島が薩摩藩に属していたことから薩摩上布とも呼ばれる。原料のチョマ（苧麻）の栽培に始まり、苧績み、絣締め、染め、織り、砧打ちに分業されて、苧績みは経験豊かな高齢者の担当。髪の毛ほどに細く裂いたチョマの繊維を撚り合わせてつなぎ、糸車で撚りをかけ糸にするが、1反分の糸を手績みするには3カ月以上を要する。

　文様は細かな十字からなる幾何学模様や縞柄などで、本場大島紬と同じ織締めで絣筵にして、泥藍で染める。経・緯を十字に合わせミリ単位で織り進めるので、熟練者でも一日20cmほど織るのがやっとという手間暇のかかる織物で、繊維の宝石とも称される。織り上げたら砧打ちで仕上げる。泥藍の濃淡で緻密な絣文様を織り出すのがきまりであったが、近年は、フクギ、テーチなどで草木染にした糸を、縞や格子に織り、大らかに風合

いそのものを楽しむ着方も支持されているようである。

壺屋焼 (那覇市、国頭郡恩納村、中頭郡読谷村)

赤瓦の上で四方を睥睨するシーサー (獅子)。壺屋焼の人気アイテムである。壺屋焼は無釉の「荒焼」と白い化粧土をかけてカラフルな上絵を施した上焼に大別されるが、壺屋焼ファンは独特の方言を使いたくなるらしい。ダチビン (抱瓶)、チュウカー (酒注)、カラカラ (口付徳利)、マカイ (碗)、ワンブー (鉢)、ユシビン (嘉瓶) など。絵付けは多種多様、染付、赤絵、線彫、唐三彩、流し掛け、点打ち模様なども人気がある。唐草や魚、鳥などの伸びやかな文様が自在に描かれ、南国的な色彩が躍る。壺屋焼は、17世紀後半、琉球王府によって美里の知花窯、首里の宝口窯、那覇の湧田窯が統合して築かれたという市街地に軒を連ねる伝統ある窯場である。

一方、金城次郎や島袋常秀などの作家を中心に、登り窯の焼成にこだわって、観光客で賑わう繁華街を去った窯元が何軒か読谷村に移り住んだ。現在では、那覇から足を延ばすファンやバイヤーも増えて、なかなかの活況を呈している。中でも北窯は4軒の若い窯元が13室もの登り窯を築いて共同作業をしており、全国から陶芸を志す若者が集う一種の道場のようになって注目を浴びている。

読谷山花織 (中頭郡読谷村)

かつて東南アジアと直接交易を行っていたとされる読谷山には独特の織物が伝わっていた。花織である。刺繍のように見える濃やかな花模様の裏にはびっしりと糸がわたっており、裏地をつけて袷に仕立てられる。

手花織と綜絖花織の二つに大別される。手花織は平織の地に別糸を織り込み、手で刺繍を施すように花の文様を織り出すので比較的自由な柄がつくり出せる。綜絖花織は、綜絖を使って緯糸を浮かせて織る紋織そのもので花文様とほかの柄を合わせるのが基本。読谷村の娘たちは、着尺地を織る際、経糸を長めに整経して機にかけ、最後にティサージ (手拭い) を織ったという。好きな人のために想いを込めて織る「ウムイヌティサージ」と、家族の無事を祈る「ウミナイティサージ」があり、それぞれ手の込んだ意匠で腕を磨いたとされる。

明治時代中期に衰退して幻の織物となっていたが、首里女子実業学校 (現・沖縄県立女子工芸学校) を卒業した與那嶺貞に復元が託された。見

本として渡された布を手に、村の古老に尋ねまわって、やっとのことで手掛かりを得た與那嶺によって、1964（昭和39）年に復元され、後に重要無形文化財に指定された。

読谷山ミンサー（中頭郡読谷村ほか）

ミンサーとは普段着に締める木綿の細帯のことで締め心地のよい目が詰まった織物である。読谷山ミンサーは花織の技法にグーシバナ（竹串を使って経糸を浮かせた刺繍のような紋織）という技を併用しており、色も草木染で鮮やかである。地厚でいかにも南国的な意匠が好まれ、テーブルセンターやクッションなどのインテリア用品、バッグなどのほか、浴衣用の半巾帯としても人気がある。

　八重山ミンサーの始まりも、読谷山ミンサーと同時期で、16世紀、沖縄でワタが栽培され始めた頃とされる。幅10cm、長さ250cmほどの藍染絣の細帯で、刀杼という特殊な木製の大きなへらを使って打ち込む。両脇の縁取りには、「足しげく通ってください」という願いを込めてムカデの足を意味する「ヤシラミ」文様が施される。内側の五つ玉、四つ玉と呼ばれる絣文様には、「いつの世も一つ」という意味が秘められ、婚約の証として女性から男性に贈る風習があった。

琉球ガラス（糸満市ほか沖縄県内全域）

琉球ガラスは、ぼってりした厚手のコップというイメージがあったが、現在は多くの製品が珪砂や石灰などをまぜた県内産の原料で製造されており、色鮮やかなガラス食器や、本格的なアート作品も含め、多種多様な製品が求められるようになった。燃えるような赤やマリンブルーなどいかにも南国風の日用雑貨、世界市場を目指す作家のオブジェ、トンボ玉などアクセサリーのパーツを揃えて新しい用途を開拓する若者など、数多くの優れた人材がいる。

　沖縄でガラスの製造が始まったのは明治時代の末頃とされ、当時の製品は透明な薬瓶や菓子瓶などが多かったが、戦後、米軍基地から排出されたコーラ瓶などの再生ガラスの活用が盛んになり、色付きガラスが「琉球ガラス」として広まった。

首里織（那覇市、中頭郡西原町、島尻郡南風原町）

首里織は多彩な技が生む高級感と高貴で鮮やかな色柄が特徴である。14〜15世紀の琉球は日本を始め、中国、

朝鮮、南方諸国とも交易が盛んだったため、国際色豊かでバラエティーに富んだ織物が生まれた。王国は衣服の階級制度を定め、着装品や技法、素材、模様、配色などを細かく規定し、王府の派遣により中国から導入された花倉織、花織、道屯織などの浮織は王族や貴族階級に限定された。中でも花倉織は、王家専用の格式を誇る夏衣で、通気性がよい地布に花形や市松、菱形の文様を織り出した最高級品である。同様に中国から移入された道屯織は経糸を浮かせて織ったもので、部分的に糸の密度を濃くして立体感のある地紋が配され両面使用できる洗練された織物であった。首里においては、花織も小さな四角い点を花のように織り込むもので、花織手巾とともに優美な始末が施された。煮綛芭蕉布は糸染めを繰り返した贅沢な芭蕉布、格子柄の中に絣柄を配した「手縞」は大胆な色使いと絣の入念な配列が強い印象を与える織物である。桐板といういまだに材料が解明されない繊維も含め、首里に伝承された織物の多様性はほかに類をみない豊かさといえよう。

琉球漆器（那覇市、浦添市、糸満市、沖縄市、豊見城市、中頭郡中城村、島尻郡南風原市）

「首里城は巨大な琉球漆器そのものであった」といわれる。弁柄の朱の色は確かに琉球漆器の朱漆の色を連想させる。正殿の床も壁面も琉球漆器の職人が手掛けたとされ、漆器は琉球の暮らしに深く根付いていた。

中国の技術が伝わったのは、15世紀頃とされる。螺鈿や箔絵、沈金など多彩な加飾技法が加わり、17世紀初頭には首里王府に貝摺奉行所という漆器製作所が設置されて、技術的にも芸術的にも水準の高い漆器を生産する体制が整った。南国風の意匠を凝らしたさまざまな漆器が、将軍家への贈り物として、また中国への朝貢品として制作された。

琉球漆器独自の技法である堆錦は、黒目漆と顔料を練り合わせて堆錦餅をつくり、引き伸ばしてデイゴやゴーヤーなどの花卉文様を切り出して、アップリケのように漆のお盆や皿などに張り付けたものである。近年、東道盆も見直されている。中国からの冊封使をもてなすときに使われた脚付きの盛器で、8～9種類のごちそうが入るように中が仕切られ、取り皿が組み込まれており、美しく機能的で、長寿を誇る沖縄の医食同源の食生活を映すかのようである。

Ⅲ　営みの文化編　129

民　話

地域の特徴

　鹿児島から南西へと連なる奄美・沖縄の島々は、西に東シナ海、東に太平洋を臨む。マングローブが自生する亜熱帯の気候であるが、稲作はそれほど盛んではない。山が低く小さな川は水田耕作には不向きであり、畑作のサトウキビ・パイナップル・マンゴーの栽培が中心である。

　数多くの島嶼から成立する沖縄は、本土から遠く離れた亜熱帯に位置しており、日本語と姉妹語の琉球語を話し、国家を形成した歴史を有している。琉球文で記したオモロ・琉歌・組踊、それに先祖神や死者の声を聞く霊能者のユタは、琉球文化独自の信仰と思想を創出している。

　また、琉球王国の史書は、国土創成神話や王権伝説を記している。その神話は、阿摩美久という神が下界におりて島をつくり、一組の男女を住まわせた。二人の間から三男二女が生まれ、長男が王、次男が按司、三男が百姓の始まりとなり、長女が聞得大君、次女がノロ（神女）の始まりとなったと記す。

伝承と特徴

　沖縄の本格的な民話集は、『遺老説傳』が嚆矢である。正史『球陽』の外巻として18世紀初期に編纂された。『遺老説傳』は、琉球各地に古くから伝わる不思議な話・自然異変・百姓の善行などを記しているが、「百合若大臣」は「宮古水納島の鷹塚由来のこと」、三輪山型の「蛇神伝説」は「宮古漲水嶽由来のこと」などと、由来伝承として語ることが多い。

　近代になると、佐喜真興英の『南島説話』、島袋源七の『山原の土俗』の「琉球小話」などが刊行された。また、伊波南哲の『日本の民話11　沖縄の民話』、川平朝申の『おきなわ昔話』などの挿絵入りの読みやすい昔話集も刊行された。ただし、それらの民話集には、琉球語の息づかいが感じられない。漢文もしくは和文でリライトしているからである。

その意味において、琉球語の民話採集は、福田晃（立命館大学教授）・岩瀬博（大谷女子大学助教授）・遠藤庄治（沖縄国際大学専任講師）の1973年の三大学合同調査を嚆矢とする。その成果の『南島昔話叢書』は、奄美・沖縄・宮古・八重山の方音を活かして表記し、対訳を付してある。また、遠藤庄治を中心とした沖縄伝承話資料センターの音声資料は、沖縄県立博物館などに一部寄贈されている。『日本昔話通観26　沖縄』『日本伝説体系15』も、福田・岩瀬・遠藤を中心とする調査の成果である。

日本語と姉妹語の関係にある琉球語の民話は、「天人女房」「蛇聟入」「大歳の客」「雀孝行」「炭焼長者」など、本土と共通する話型を伝承する一方で、「七つ星由来」「クスケー由来」「パイパティローマ（南波照間）」など沖縄独自の話も伝えている。国吉瑞枝や山本川恒など、100話以上を語る話者も発見された。

また、沖縄の民話は、歴史的真実として、伝説として語られる傾向が強く、祭りや年中行事の由来伝承として語ることが多い。福田晃は、沖縄の民話の特徴として「その伝承素材が昔話であっても、それが伝説を越えて〈神話〉として機能することもしばしばある」と述べている。

おもな民話（昔話）

天人女房

奄美や沖縄の各地域には、聖なる川や泉に天降りした天女の話が伝承されるが、その民話は神女・巫女とのかかわりで語られる。また、天女の羽衣が、「六足の倉、八足の倉」に隠されていたこと、天女の親が天女の夫に「山薙ぎ・山焼き・山打ち・冬瓜植え・冬瓜収穫」の難しい仕事を次々と課したことは、伝承者が農夫であったからであろう。

その一方で、『中山世鑑』『中山世譜』『球陽』に記された察度王の話は、王権にかかわる伝承である。

貧しい奥間大親が田を耕しての帰り、手足を洗うために「森の川」という泉に行った。奥間大親は、水浴している美麗の女房を見て天女であろうと思い、飛衣を隠して彼女の前に現れた。驚いた天女は昇天しようとしたが、飛ぶことができず、奥間大親の妻となって女子1人・男子1人を生む。そして、成長した娘の子守唄を聞いた天女は、飛衣の在り処を知って1人昇天する。

Ⅲ　営みの文化編　131

ここまでの話は、離別型の天人女房譚であるが、炭焼長者譚へと続き、王権伝説となる。

　地上に残された天女の男子は貧しい生活をしていたが、勝連按司の娘が彼の優れた相を見て結婚する。そして、田んぼの黄金を発見し、そこに楼閣を建てて「金宮」と名付けた。また、夫は日本商船から鉄塊を購入し、鉄製農具を耕作者に分け与え、人望を集めて察度王となった。

　以上の王権伝説は、時代が下って玉城朝薫作の組踊「銘刈子」となり、中国からの冊封使歓待の御冠船踊りで上演されるようになった。

蛇聟入

　沖縄では「ハブ聟入」「アカマタ聟入」という。アカマタは、マダラヘビ属である。この話は、夜な夜な通って来る男の正体を突き止めるため、針に糸を通して着物の裾に刺す。その糸を辿ると、洞窟の中からハブの親子の会話が聞こえる。それを立ち聞きした娘は、潮干狩りに行き、身ごもったハブの子どもは海に流されて海蛇となる。

　本土の蛇聟入は、3月3日の桃酒、5月5日の菖蒲酒、菖蒲湯、または9月9日の菊酒の由来となるが、沖縄では3月3日の浜下りの由来として語られる。沖縄の旧暦の3月3日は、サンガチャー（3月）、サンガチアシビ（3月遊び）と称し、女性たちがご馳走をつくり、海浜で不浄を浄め、健康を祈願して楽しく遊ぶ日である。

　また、宮古島では、3月の巳の日に生まれた3人の女の子を、父親の大蛇が棲む張水御嶽に連れて行くと、女の子たちは恐れることなく、首・胴・尾にすがりついた。大蛇は昇天し、3人の子は御嶽に入って島守りの神となったと伝えている。

大歳の客

　大晦日に訪ねてきた乞食のようなお爺さんを親切にもてなしたところ、その客が亡くなって黄金に化した話と、もう一つは、客を歓待した貧乏の爺さん・婆さんは若返って金持ちになるが、冷たく追い払った隣の金持ちの家族は動物にされた話とがある。沖縄ではいずれの話も伝承しているが、石垣島川平の久場川（上の村）では、節祭りの夜に各戸を廻る来訪神・マユンガナシの由来として伝えている。

　節祭りは、昔の正月といわれる。その大晦日の夜に、川平村の北の干瀬で難破した乞食のような旅人が各戸を廻って宿を乞うたが、泊める家はなく南風野家の主人だけが快く泊めてくれた。その夜中、主人が目を覚ますと、旅人は神口（祝詞）を唱えていた。おかげで、その年の南風野家は豊

132

作になった。旅人は、節祭りの戊戌の日に3年続けて来訪した。しかし、来訪が途切れたので、戊年生まれの男をこの神に扮装させて各戸を廻り、豊作を祈る神口を唱えるようになったという。

絵姿女房

美しい女房を娶った男が、妻に見とれて仕事をしなくなった。それで、妻の絵を描いて働いたが、大風が吹いて絵はお城に舞い降りた。その絵を目にした殿様は、彼女を探し出してお城に迎え入れた。夫は物売りとなってお城に入り、無事妻を取り戻した。

以上が本土の絵姿女房であるが、沖縄の絵姿女房は、美しい妻を領主に奪われた夫は、「人形芝居」と「万歳」を考案する。そして、息子と共にお城を訪ねて妻に会う。しかし、そのことが発覚し、男は京を追われ、沖縄に流れ着いてチョンダラー（京太郎）となった。チョンダラー（京太郎）は、首里のアンニャ（安仁屋）村に居住した門付け芸人であり、「人形芝居」「鳥刺し舞」「馬舞」「万歳」などの芸を披露したという。

産神問答

夜の漁に出かけた2人の男が、潮待ちしながら流木を枕に寝入ったところ、海から神様がやって来て、「これから生まれる2人の赤ん坊の運定めに行こう」と流木の神に声をかけた。その後、2人の赤ん坊は成長して結婚したが、わがままになった夫は麦飯を食うのを嫌がって離婚した。妻とともに、倉の神・穀物の神も家を出たため、男は貧しくなったが、運定めで福を授かった妻は炭焼きの男と再婚して豊かに暮らす。零落した夫は箕売りになり、ある家を訪ねて麦飯でもてなされた。ご馳走した奥方がかつての妻であったと知った男は、恥ずかしさのあまり自害する。

沖縄の産神は、海からやって来て、生まれる赤ん坊の運定めをする。それは、海の彼方から生命・豊穣・害虫・疫病などがやってくるというニライカナイ信仰が基になっているからである。本土では、山の神は女神であるとの考えから、山の神を産神としている。

おもな民話（伝説）

白銀堂

漁師町の糸満市にある白銀堂の由来伝説。白銀堂は、糸満の船漕ぎ競争の「ハーレー」や「大綱引き」などの行事の祈願所となっている。漁師のマンクーが、「意地が出たら、手を引きなさい。手が出たら、意地を引きなさい」（腹が立ったら、手を引きなさい。手が出

Ⅲ　営みの文化編　133

そうになったら、心を静めなさい）と、借金の取り立てに来た薩摩の侍に忠告した。薩摩の侍は、マンクーのその言葉のおかげで母親を殺さずにすんだ。それで、薩摩の侍は、マンクーに貸したお金は受け取らないことにしたが、マンクーは約束を果たすと言って聞かず、お互いに「受け取ってくれ」「受け取らない」と言って譲らなかった。それで、そのお金を洞窟の中に祀り、白銀堂と名付けたという話である。

ちなみに、『遺老説傳』は、「古人言ふ有り、心怒れば、即ち手を動かす勿れ、手動けば、即ち当に戒心すべしと」と記す。沖縄では、マンクーの言葉を黄金言葉（諺）として伝えている。

赤犬子
あかいんこ

赤犬子（阿嘉の子）は、赤犬と美しい女の間に生まれたとの言い伝えがある。読谷村楚辺の生まれと伝えているが、津堅島生まれとも言われる。

沖縄最古の歌謡集『おもろさうし』の巻8の44番～83番までは「あかのおゑつき」（赤犬子、阿嘉の子）のオモロと記している。「あか」（阿嘉）は地名で、「おゑつき」は職能者のことだという。赤犬子は、オモロを作って歌って聴かせたオモロ歌人であったといわれる。

しかし、『琉歌百控』の冒頭は、「歌と三味線の昔はじまりや、犬子ねやがりの神の御作」と記し、赤犬子は琉球古典音楽の祖であると伝えている。「ねやがり」とは、音頭取りの意。読谷村楚辺には、赤犬子宮があり、旧暦9月20日は「赤犬子まつり」が行われる。また、読谷まつりの「赤犬子琉球古典音楽大演奏会」では、琉球古典舞踊を奉納する。

しかし、40首のオモロが記された赤犬子はオモロの名人であり、三線演奏家・琉歌歌人の祖とするのは、伝承世界の話であろうと思われる。

真玉橋の人柱伝説
まだんばし

首里城から那覇港までの「真珠道」は1522年に造られ、「真玉橋」が架けられた。しかし、真玉橋は、何度も大雨で流されてしまうので、工事責任者の役人は困っていた。そんなとき、ある女性が「七色ムーティ（元結）の女性を人柱にすれば、橋は壊れない」と助言した。それを聞いた役人が該当者を探したところ、話した本人が七色ムーティーの女性であった。彼女は人柱になって埋められるとき、娘に「人より先にものを言ってはいけない」と戒めた。それで、娘は言葉を話さなくなったが、立派な求婚者が現れて話すようになり、幸せに暮らした。

架橋・築堤・築城などの土木工事では、神の心を和らげると同時に、人身の霊が柱を強化するという考えがあり、生きている人間を水底や土中に埋めたという。人柱伝説は、沖縄ではきわめて少ないが、それは動物供犠のシマクサラシの行事のおかげであろうか。

おもな民話（世間話）

モーイ親方　　実在する人物。名前は伊野波盛平で、唐名は毛克盛。1647年生まれ。1694年に三司官に就任。少年のころ、髪が乱れていたので、モーイ（乱れ髪）とあだ名された。薩摩から難問を言われた琉球王府が、少年モーイの頓智のおかげで切り抜けた話が多い。有名なとんち話として一つ挙げる。薩摩から、「雄鶏の卵」を持って来いと言われたが、モーイが琉球を代表して薩摩に行き、「私の父が参る予定でしたが、出立直前に産気づいて、代わりに私が参りました」と返答した。すると、「男が産気付くことがあるか」と反論されたので、「その通りです。雄鶏が卵を産むこともありません」と、やり込めたという。

モーイ親方のとんち話は、最高の行政官まで上り詰めた伊野波盛平の少年の頃の話として伝えている。少年という点では一休話と同じだが、強大な薩摩をやり込める話であり、弱小国・琉球の人々のカタルシスとして語られた。そのため、琉球を代表する偉いモーイ親方の少年の頃の話として語る必要があったのであろう。

キジムナー　　キジムナーが魚を捕ってくれたおかげで金持ちになった男が、キジムナーと手を切ろうとして棲み処のガジュマルの木を焼いた。その男は、何年か経って那覇に出た。そして、たまたま泊めてもらった老人にガジュマルの木を焼き払った話をしたが、何とその老人はあのときのキジムナーであった。男は、両眼を潰され殺された。

沖縄では、キジムナー・キジムン・ブナガヤなどと言われ、奄美諸島ではケンモンと称する。樹木を棲み処としながらも、漁を得意とし、相撲をとったり、かけっこなどの競走をしたがる無邪気な妖怪であり、本土の河童伝説との関連性も指摘されている。しかし、その一方で、残虐な復讐を遂げる怖さをもつ。

近年は、無邪気で可愛いという側面が強調され、キジムナーの歌や踊りが盛んである。妖怪というよりも「ゆるキャラ」的になりつつある。

Ⅲ　営みの文化編　　135

キジムナー

地域の特徴

　沖縄県は日本列島、最南端の離島県である。鹿児島県から台湾まで飛び石のように繋がる南西諸島の南半分を占める島々が沖縄県で、沖縄本島、宮古島、石垣島（八重山）の三つの大きな島を中心に、東西1,000km、南北400kmの海域に約40の、人の住む島々からなる。

　かって、琉球王国という独立国であった歴史をもち、日本、中国、朝鮮、東南アジアの国々と交易していた。日本で唯一の亜熱帯地域で、独自の民俗、文化をもっている。琉球語とよばれる独特の方言をもつが、そのなかに万葉集などにみられる日本の古い言葉が残っていることから、この頃に日本祖語から分離し、独特の文化と歴史を築いてきたといわれている。そして、沖縄県内でも何百キロと離れている沖縄本島、宮古諸島、八重山諸島は互いに通じ合えないほどの独自の方言をもち、庶民が伝承してきた地域の神話、昔話、伝説なども独特な内容をもっている。

　政治・経済・文化の中心地はかつての王城、首里城を抱く那覇市で、他府県や先島（宮古・八重山）、本島周辺離島とは、船や飛行機で結ばれている。離島県であることは、人々の生活すべてに大きな影響を及ぼしてきた。1945（昭和20）年沖縄県は、太平洋戦争で日本で唯一の戦場となった。そして、戦後27年間アメリカの軍統治下で琉球とよばれ、1972（昭和47）年日本に祖国復帰し沖縄県に戻った。

伝承の特徴

　説話集として最も古いのは、琉球王府が歴史書『球陽』外巻として、編纂した『遺老説伝』（1743年）である。本島から八重山諸島与那国島までの古老が伝える不思議な話が収められている。聞き取りに基づく文献としては佐喜真興英が自身の伝承や宜野湾村新城の伝承を書いた『南島説話』（1922年）、今帰仁村や旧羽地村の伝承を書いた島袋源七の『山原の土俗』

（1929年）がある。

　1945（昭和20）年沖縄は、アメリカと日本が戦った太平洋戦争の戦場となった。両軍の兵隊、住民あわせて22万人が沖縄で戦死した。焼土のなかに人々は住む家をつくり、海で魚を捕り、畑をつくり、暮らし始めた。少し落ち着くと、戦争で死んだ人たちの骨を集め、祀り慰霊し始めた。当時のことを、体験者の方々に聞くと「生き残った私たちは、幽霊も亡霊も一緒に生きてきたんだよ」と話した。米軍統治が終わり（1972〔昭和47〕年）、日本本土と自由に渡航往来ができるようになり、沖縄全域での民話調査が始まった。戦争で多くのお年寄りが亡くなっていたので、伝承は途絶えたのではと思われたが、生き残った明治生まれのお年寄りたちは、平和な自分の子ども時代を思い出しながら、豊かに昔話、伝説、妖怪話を語った。

　この調査で、沖縄全域の伝承が明らかになった。例えば、沖縄の代表的な妖怪とされるキジムナーの呼び名が、沖縄本島北部で、アカカナジャー（伊平屋島）、アカブサー（伊是名島）、ブナガヤ・プルパカヤー（国頭村・大宜味村・東村）、カムローグヮー（名護市屋部）、シェーマ・セーマ（本部町）、本島中部で、フカゾークークー・キジムン（与那城町平安座島）、ケンケンジムナー（勝連町）、カーガリモー（中城村）、本島南部で、キジムナー（那覇市・南風原町）、マージャ（玉城村）、マア・キムナー（久米島）、宮古諸島で、マズムヌ（宮古島）、インガマヤラウ（伊良部島）、マズムヌ（多良間島）、八重山諸島で、マア・マンダー・マージャッピ（石垣島）、マンジャー（小浜島）、マーザ・カムラーマ（鳩間島）、キディムヌ・マディムヌ（与那国島）と、方言の違いで呼び名が変わり、本島中南部で伝承されているキジムナーと同じものとして語られることが多い。しかし、一部変化したり、キジムナーとは、まったく違うと語る人もいる。妖怪はマジムン、マズムヌ、ヤナムンとよばれ、例えば、キジムナーマジムンという言い方もする（『沖縄の民話研究』遠藤庄治著作集第1巻）。

　1973（昭和48）年以降、遠藤庄治沖縄国際大学名誉教授（故人）を中心に行われた民話調査の報告は、ほとんどの調査地自治体から民話集のかたちで、本が発行されている。

主な妖怪たち

遺念火
（いにんびー）

昔、識名にとても仲の良い夫婦がいた。妻は毎日豆腐をつくり、首里池端の市場に売りに行った。夫は、毎日夕方になると妻を迎えに識名坂まで行った。美人の妻に横恋慕した男が、市場から帰る妻に襲いかかり、逃れようとして妻は金城橋から身を投げた。帰りの遅い妻を捜し、事の有様を知った夫は、後を追って金城橋から身を投げた。それ以来、アコークロー（夕方）になると、首里の方からタマガイ（ひとだま）が一つ、識名の方から一つ出て、識名坂で二つになってゆらゆらするのが遠くからも見えた（那覇市泊・1910〔明治43〕年生・男）。

男女の思いのすれ違いで女が自害し、同じ場所で男も後を追い死ぬ。そこに夜になると、二つのタマガイが出るという話は、各地に伝わっている。思いを残し（遺念）死んだ人のマブイが遺念火になるといわれ、旧歴8月8日から始まるヨーカビー（8日日、妖火日）行事の頃に、よく現れるといわれている。

牛マジムン

那覇の坂下に牛マジムンが出るというので、公儀の命令で力持ちの池宮親方が退治にすることになった。親方は牛マジムンと格闘し、牛の角をもぎ取って帰った。朝になると、角ではなく、龕（がん）の両側に飾りとして付いている龍の角であった（本部町山川・1921〔大正10〕年生・男）。

龕は遺体を入れたお棺をのせ、墓まで運ぶ輿（こし）。遺体を千人のせた龕は牛に化けるという。

キジムナー

伝承地によって、呼び名・姿が違うが、近年は、キジムナーに統一されつつある。ガジュマル・あこう木・桑などの大木にすむ木の精霊。姿は赤い髪の毛の小さい子ども、あるいは大人、禿げ頭で頭に皿があり、カッパに似ているとの伝承もある。人間と親しくなると毎晩一緒に魚捕りをし、大漁の魚を人間に与える。住みかを人間に焼かれると、別な場所に移り、焼いた人間に報復する。からかったり、いたずらした人間にはどこまでも追いかけて、仇を討とうとする。キジムナーと親しくなった家は裕福になり、追い払った家は貧乏になる。人間に追いかぶさり金縛りのようにしたり、おぼれ死にさせることもあり、邪悪な妖怪とも考えられている。

後生からの使者

昔仲の良い夫婦がいた。妻は働き者で、夜遅くまで機織りをしていた。夫は夜機織りをすると後生の人にマブイ（魂）を取られると聞いていた。ある雨の晩、夫は用事からの帰り川を渡ろうとして、二人の男と道連れになる。水音を立てずに川を渡るので人間ではないと気づくが、「お前は、音をたてるが人間か」と聞かれる。夫が「今後生（新仏）だ」と言うと、頭をさわらせろというので、クバ笠をさわらせ、足を見せろというので、杖を見せる。二人は安心し、人間のマブイを取りに行く話を始める。聞いていると、取られるのは自分の妻だったので二人について行く。二人が家に入り、妻のマブイを金襴の袋に入れ出てくると、夫は「隣にもっと美人がいますよ。このマブイは私があずかりましょう」と言い、隣に行かせる。その間に、夫は屋根に上がり、二人が「隣に女はいない」と出てくると、クバ笠をパタパタさせながら「ケッケレーケッ」と鶏の鳴くまねをした。二人は、夜が明けるぞといって慌てて逃げて行った。夫は急いで妻の口鼻に袋をあてマブイを戻したので、妻はすぐに生き返った（『南島説話』）。

夜中、後生からマブイを取りにきた者に出会う話は、県内各地で聞かれる。金持ちの娘のマブイを取り返し結婚して幸せになる。マブイは懐に入れたり、金蠅に変わったりする。

子育て幽霊

毎夜、菓子、飴を買いにくる女がいる。朝になると女の持ってきたお金は、うちかび（死者に供える紙銭）になっている。不思議に思った店の主人が、その晩、女の後をつけると、死んだ妊婦の墓に入っていった。墓を開けると、飴を持った赤ん坊がいた（那覇市松尾・1897〔明治30〕年生・男）。

沖縄全地域から聴取された話。一部地域で死んだ母親から生まれた子は後生とこの世を行き来できる、テーラシカマクチという男になったという伝承もある。

人魚

沖縄本島や周辺離島では、泣き声が人間の赤ん坊に似てるからアカングァーイユ（赤子魚）といわれ、顔や身体、胴体までは人間で、その後ろは鰭も尾びれもある魚だという。子どもに乳を飲ませるジュゴンだという話もある。八重山ではヨナイタマともよばれた。龍宮、ニライカナイからきたもの、あるいは龍宮の神の娘という伝承がある。食べると不老長寿になるといわれる一方、取ったり食べたりすると祟りがある

Ⅲ　営みの文化編　　139

といわれる。人間に捕まった人魚が、龍王に助けを求め、助けるために津波を起こしたという伝承が先島に多い。

化け猫
昔、ひとり者の男の所に女がやって来て妻にしてくれという。子どもが二人できる。ある時「あんまーは変だよ。おとうが畑へ出かけると、天井に上がり鼠を捕まえ食べている」と、子どもたちがいう。大きな魚をもたせ、女を追い出す。女は猫になり長柵のガマ（洞窟）にいく。後をつけた男は、「男のマブイ（魂）を取ってやる」という猫の会話を聞く。仲間の猫が、「我如古長柵の青泣き猫、青泣きすな、高泣きすな、青泣きせば、松の頂きに首くくられるぞ。南風吹かば北の松にガッパラ、北風吹かば南の松にガッパラ、アア　ウトゥルサ　ムンドー（ああ、恐ろしや）」と人間に言われたら、マブイは取れないという。男は、その呪いの言葉を言い、命が助かった（『南島説話』）。

宜野湾市我如古の長柵ガマの化け猫として県内各地で伝承されている。猫が化けないよう、死骸を木に吊るす由来にもなっている。

兵隊の幽霊
戦争中、家の前の家畜のための水甕の横に、夜になると片足で立っている兵隊さんの幽霊が出た。ユタもいなかったから、「どうしたのかね」と心配して、ご飯を炊いておかずもつくって「ひもじかったら、これどうぞ」とお供えしても、毎晩出るから、「何か思いがあったら、思いを叶えてやるから、言ってくれ」と言うたらね、「自分の片足は、どこどこでなくなったから探してくれ」と言いよったらしい。そしたら、家の後ろのススキの中に行ったらね、片足があった。「もう、足ここに置いておくから、元のとおりに足自分で付けてください」というて水甕の横においたら、その晩から幽霊は出なかったって（与那原町上与那原・1903〔明治36〕年生・女）。

戦後20年たった頃の話。激戦地だった小禄も米軍の基地になって、金網のすぐ側におじーの畑があった。そこで小さな豚小屋をつくって、豚2頭飼っていた。子豚が生まれるからと、おじーは夜通し起きていた。夜中に兵隊さんの幽霊が二人でてきて、「まだ生まれないのか」とおじぃーに聞いたって。

朝、豚小屋から帰ってきたおじーは、「あぬ人達ん、家うてぃ豚ちかなとーてーさ」（あの人たちも、故郷で豚飼っていたんだねー）と言ったよ（那覇市小禄・1953〔昭和28〕年生・女）。

沖縄には、沖縄戦で亡くなり、まだ拾骨されてない日本兵や住民の遺骨がまだある。終戦後、33回忌の頃までは、日本兵の幽霊の話も多かった。

ミシゲーマジムン

ミシゲー（しゃもじ）、マカイ（お椀）など、台所の古道具を捨てるとマジムンになるという。昔、那覇の町に豚や牛、一つ目や傘のとても怖いマジムンが出た。夜、寺の小僧が自分もマジムンの振りをして友だちになり、昼間はミシゲー、マカイ、鍋のふた、箸に戻って寺の床下に居ることを聞き出す。鶏が鳴いたので、床下に行き古道具を焼いた。以来、マジムンは出なくなった（『沖縄の昔ばなし 山本川恒翁の語り』）。

耳切り坊主

昔、那覇に黒金座主とよばれる坊主がいた。唐の国で修業を積み、人をだます妖術も習って帰り、占い好きな女たちをたぶらかすようになった。噂を聞いた琉球王は、大村御殿の北谷王子に征伐を命ずる。王子と座主は碁で勝負をし、負けそうになった座主は妖術で王子を殺そうとするが耳を切り落とされ、大村御殿に生まれる男の子は育たぬようにしてやると、呪いをかけ死ぬ。けれども、知恵者の乳母は、男の子が生まれたとき、「うふいなぐんぐゎ　うまりとーん」（大きな女の子が生まれた）と言い、難を逃れたという。以下の子守唄が今でも歌い継がれている。

大村御殿ぬ　かどぅなかい	大村御殿の角に
耳ちりぼーじぬ　たっちょんどー	耳切り坊主が立ってるよ
いくたい　いくたい　たっちょーが	幾人　幾人　立ってるの
みっちゃい　ゆったい　たっちょんどー	三人　四人　立ってるよ
いらなん　しーぐん　むっちょんどー	鎌も　小刀も　持っているよ
なーちゅるわらべー　耳ぐすぐす	泣く子は　耳ぐすぐす
ヘイヨー　ヘイヨー　なくなよ	ヘイヨー　ヘイヨー　泣くなよ
ヘイヨー　ヘイヨー　なくなよ	ヘイヨー　ヘイヨー　泣くなよ

（那覇市与儀・1896〔明治29〕年生・男）

高校野球

沖縄県高校野球史

1894年沖縄県尋常中学(現在の首里高校)が修学旅行で第三高等学校にルールを習い野球用具を譲り受けて帰郷したのが沖縄球界の始まりという.やがて沖縄県立中学分校(現在の那覇高校)や那覇商業に野球部が誕生した.1922年には沖縄一中と那覇商業が第8回大会の九州予選に参加した.

戦後,米軍統治下にあったが52年に東九州大会に特別参加することが決まり,翌53年には沖縄予選も始まった.

58年沖縄県から夏の甲子園に出場することが決まり,首里高校が沖縄県代表として初めて甲子園の土を踏んだ.同校は63年夏には日大山形高校を破って沖縄県勢として甲子園初勝利をあげている.

この頃から,県内では興南高校が台頭,68年夏にはベスト4まで勝ち進んで,甲子園に"興南旋風"を巻き起こした.

75年に1県1校となり,この頃から沖縄県は強豪県へと脱皮した.最初に活躍したのは豊見城高校で,75年から78年までの4年間に7回甲子園に出場,準々決勝に4回進出するという好成績をあげ,栽弘義監督は一躍名監督となった.

80年,栽監督が同校を離れると同時に興南高校が復活した.同年から83年までの4年間で興南高校が6回出場している.続いて,84年夏に栽監督率いる沖縄水産が甲子園に出場.90年からは2年連続して決勝に進出,全国制覇を達成することはできなかったが,その実力は全国に知れわたることになった.

そして,99年選抜で沖縄尚学高校が優勝し,ついに大旗を沖縄に持ち帰った.2001年選抜では新たに創設された21世紀枠代表に宜野座高校が選ばれ,ベスト4まで進出して沖縄県勢のチーム力の高さを証明した.さらに2008年には沖縄尚学高校が2度目の選抜優勝,2010年には興南高校が春夏連覇を達成している.

主な高校

石川高（うるま市，県立）
春0回・夏2回出場
通算1勝2敗

1945年石川学園として創立．48年の学制改革で石川高校となる．60年に琉球政府立に移管し，72年県立に移管．

52年から県大会に参加．75年夏に甲子園初出場，新潟商業を破って初勝利をあげた．2回戦では浜松商業に9回裏2死からの逆転サヨナラホームランで敗れた．89年夏にも出場している．

糸満高（糸満市，県立）
春1回・夏1回出場
通算0勝2敗

1946年に創立し，同時に創部．2011年夏に甲子園初出場．15年選抜にも出場した．豊見城高校・沖縄水産高校を率いた栽義弘監督の母校として知られる．

浦添商（浦添市，県立）
春1回・夏4回出場
通算10勝5敗

1971年琉球政府立浦添商業高校として創立．72年沖縄県立浦添商業高校となる．

創立と同時に創部し，75年から夏の県大会に参加．93年夏に甲子園初出場．97年夏と2008年夏にベスト4まで進んでいる．12年夏も3回戦に進出．

沖縄尚学高（那覇市，私立）
春6回・夏8回出場
通算21勝12敗，優勝2回

1956年沖縄高校として創立し，83年沖縄尚学高校と改称．

57年創部．沖縄高校時代の62年夏甲子園に初出場した．沖縄尚学高校と改称後，92年に30年振りに夏の甲子園に出場．99年選抜では沖縄勢として初めて優勝し，優勝旗を沖縄に持ち帰った．以後は全国的な強豪校として活躍，2008年選抜でも優勝している．14年には春夏連続ベスト8．

沖縄水産高（糸満市，県立）
春3回・夏9回出場
通算21勝12敗，準優勝2回

1904年糸満村立水産補習学校として創立．10年県立に移管して県立水産学校となる．戦後，46年沖縄開洋高校として改めて創立された．55年琉球政府立沖縄水産高校と改称．72年に県立となる．

Ⅲ 営みの文化編 143

30年創部．80年豊見城高校から栽弘義監督が就任して強くなり，84年夏に甲子園初出場すると5年連続して夏の大会に出場．90年夏には沖縄県勢として初めて決勝に進み，翌91年夏には2年続甲子園で準優勝した．98年新垣渚投手を擁して春夏連続出場したのを最後に出場していない．

嘉手納高 （嘉手納町，県立）
春1回・夏1回出場
通算1勝2敗

1984年に創立し，同時に創部．2009年秋に九州大会を制して，翌10年選抜に初出場．16年夏には前橋育英高校を降して初勝利をあげた．

宜野座高 （宜野座村，県立）
春2回・夏1回出場
通算4勝3敗

1946年に創立し，48年に創部．2001年選抜では初の21世紀枠代表に選ばれると，強豪を降してベスト4まで進み，21世紀枠制度を成功させた．同年夏にも出場．その後，03年選抜にも出場している．

興南高 （那覇市，私立）
春4回・夏12回出場
通算24勝14敗，優勝2回

1962年に創立し，同時に創部．66年夏甲子園に初出場すると，68年夏にはベスト4まで進んで甲子園に「興南旋風」を巻き起こした．80年代に甲子園で活躍した後，2007年夏に24年振りに甲子園に復活．10年には島袋洋奨投手を擁して史上6校目の春夏連覇を達成した．

首里高 （那覇市，県立）
春2回・夏2回出場
通算1勝4敗

1798年に商温王が設立した国学を母体とする，沖縄きっての名門校．1880年に首里中学校として創立．86年沖縄尋常中学校，87年沖縄県尋常中学校，99年沖縄県中学校，1901年県立第一中学校と改称した．戦後，46年に首里高校となる．

1896年修学旅行で関西を訪れた際に旧制三高生から野球を学んだという，県内最古の野球部．1903年には那覇に寄港した米国海軍の軍艦の乗組員と試合をしている．58年夏に沖縄県勢として初めて甲子園に出場した．63年夏には初戦で日大山形高校を降し，沖縄県勢として甲子園初勝利をあげた．69年春にも出場．

中部商 （宜野湾市，県立）
春0回・夏2回出場
通算0勝2敗

1965年琉球政府立中部商業高校として創立し，72年県立に移管．
創立と同時に創部．2002年夏に甲子園初出場．04年夏にも出場した．

豊見城高 （豊見城市，県立）
春4回・夏3回出場
通算9勝7敗

1966年琉球政府立豊見城高校として創立し，72年に沖縄県立に移管．市名は「とみぐすく」だが，高校名は「とみしろ」と読む．

創立と同時に創部．72年に栽弘義監督が就任して強くなり，75年選抜に出場するとベスト8に進出．以後，4年間で春夏合わせて甲子園に7回出場し，うちベスト8まで4回進出するなど，強豪校として活躍した．80年に栽監督が異動した後は出場していない．OBには金城孝夫元沖縄尚学高校監督がいる．

名護高 （名護市，県立）
春1回・夏1回出場
通算0勝2敗

1928年沖縄県立第三中学校として創立．戦後，46年に田井等高校となり，48年名護高校と改称．

52年から県大会に参加し，72年選抜に初出場．続いて夏にも出場した．

那覇高 （那覇市，県立）
春1回・夏1回出場
通算1勝2敗

1910年沖縄県立中学校分校として創立し，翌11年に独立して県立第二中学校となる．戦後，いったん首里高校の分校となり，48年に那覇高校として再興．

10年の創立と同時に創部した県内の草分けの一つ．60年選抜に初出場．2000年夏に40年振りに甲子園に出場すると，中京商業を降して初勝利をあげた．

那覇商 （那覇市，県立）
春1回・夏1回出場
通算1勝2敗

1905年那覇区立商業学校として創立．22年那覇市の市制施行とともに市立商業学校と改称．52年に琉球政府立商業高校として再興した．62年那覇商業高校と改称し，72年に県立に移管．

10年に創部した県内の草分けの一つ．94年選抜に初出場．同年夏には初

III　営みの文化編　145

戦で横浜高校を降して注目を集めた.

前原高 (うるま市, 県立)　春1回・夏2回出場　通算0勝3敗

　戦後間もない1945年11月に開校. 60年琉球政府立前原高校となり, 72年沖縄県立に移管.

　46年創部. 73年選抜に初出場し, 同年夏も連続出場. 96年夏にも出場している.

八重山商工 (石垣市, 県立)　春1回・夏1回出場　通算3勝2敗

　1966年琉球政府立八重山商工高校として設立し, 翌67年に開校. 72年沖縄県立に移管. 日本最南端の高校である.

　67年の開校と同時に創部. 2006年大嶺祐太投手を擁して春夏連続して甲子園出場, 夏は3回戦まで進んだ.

⑬沖縄県大会結果（平成以降）

	優勝校	スコア	準優勝校	ベスト4		甲子園成績
1989年	石川高	8－3	興南高	宜野座高	沖縄水産	初戦敗退
1990年	沖縄水産高	6－1	沖縄尚学高	石川高	那覇商	準優勝
1991年	沖縄水産高	6－2	豊見城南高	那覇商	浦添商	準優勝
1992年	沖縄尚学高	3－1	名護高	首里高	宜野座高	2回戦
1993年	浦添商	5－0	那覇商	前原高	沖縄工	初戦敗退
1994年	那覇商	7－1	美里工	沖縄水産	興南高	3回戦
1995年	沖縄水産高	4－1	美里高	名護高	普天間高	初戦敗退
1996年	前原高	5－2	沖縄水産	那覇商	宜野座高	初戦敗退
1997年	浦添商	7－3	沖縄水産	読谷高	中部商	ベスト4
1998年	沖縄水産高	8－2	浦添工	名護商	名護高	初戦敗退
1999年	沖縄尚学高	10－0	興南高	浦添商	普天間高	2回戦
2000年	那覇高	5－3	沖縄水産	浦添商	本部高	3回戦
2001年	宜野座高	3－0	中部商	沖縄尚学高	沖縄水産	2回戦
2002年	中部商	4－1	沖縄水産	沖縄尚学高	前原高	初戦敗退
2003年	沖縄尚学高	3－2	南部商	沖縄工	名護商	3回戦
2004年	中部商	4－1	沖縄水産	宜野座高	糸満高	初戦敗退
2005年	沖縄尚学高	10－0	浦添商	宮古高	中部商	2回戦
2006年	八重山商工	7－3	中部商	浦添商	沖縄尚学高	3回戦
2007年	興南高	2－0	浦添商	小禄高	沖縄尚学高	2回戦
2008年	浦添商	5－2	沖縄尚学高	石川高	興南高	ベスト4
2009年	興南高	4－2	中部商	八重山商工	沖縄水産	初戦敗退
2010年	興南高	9－1	糸満高	八重山高	沖縄水産	優勝
2011年	糸満高	2－1	中部商	沖縄尚学高	興南高	初戦敗退
2012年	浦添商	8－5	沖縄尚学高	前原高	糸満高	3回戦
2013年	沖縄尚学高	5－2	美里工	真和志高	八重山高	2回戦
2014年	沖縄尚学高	6－1	糸満高	宜野座高	浦添商	ベスト8
2015年	興南高	4－2	糸満高	沖縄尚学高	宮古高	ベスト8
2016年	嘉手納高	11－3	美里工	那覇西高	小禄高	3回戦
2017年	興南高	15－1	未来工科	糸満高	八重山農林	初戦敗退
2018年	興南高	5－0	糸満高	嘉手納高	北山高	2回戦
2019年	沖縄尚学高	8－7	興南高	西原高	美里工	初戦敗退
2020年	八重山高	4－2	KBC未来沖縄高	日本ウェルネス沖縄高	美里工	（中止）

注）2007年の決勝戦は延長11回1－1で引き分け再試合

やきもの

壺屋焼（抱瓶）

地域の歴史的背景

　沖縄のみやげもの店の店先には「壺屋焼」の陶器が並んでいる。
　例えば、ダチビン（抱瓶）という酒徳利。三日月形の容器で、紐を付けて肩に掛け、腰に当てるのに便利なものとして伝わる。アワモリ（泡盛）の酒器であり、行楽時に用いたのであろう。沖縄以外では見られない形状である。同じ酒器に、カラカラと呼ぶものがある。平べったい胴に注ぎ口が付いている。アワモリをこれに入れ、小さなサカツキ（盃）に注いで飲む。薩摩焼（鹿児島県）の茶家と似るが、これも他では類例がない形態である。
　壺屋焼には、釉薬を掛けたジョウヤチ（上焼）と無釉のアラヤチ（荒焼）とがある。
　シーサー（獅子）は、本来、屋根瓦の上に設置する魔除けの獅子像である。現代でも古民家の屋根には、それがみられる。みやげ店に並ぶのは、それを小型化した置物である。これにも上焼と荒焼がある。
　さらに、碗や鉢や皿などの食器類。これらは、ほとんど上焼であり、絵付が施されたものが多い。みやげものでもあるが、琉球料理・沖縄料理を売りものにする料理店などでは実用食器でもある。
　沖縄に旅行をした人なら、一度ならずともこうした陶器類を目にしたり手に取ったりしたことがあるであろう。沖縄での陶器生産は、地元での実用・消費を支えると共に、観光産業としても重要な位置づけがなされているのである。
　なお、壺屋は、那覇市の中心部にあり、そこでの窯焼きは都市計画に対応できかねて、平成以降は郊外に転出した。

主なやきもの

壺屋焼

荒焼と「叩き」の技法　壺屋焼とは、壺屋（那覇市）で焼く陶器だからこそそう呼称した。というか、沖縄ではやきものづくりの窯場のことを「壺屋」と呼んだのだ。壺類が代表的な製品だったからに相違ない。

現代に伝わる沖縄のやきものには、荒焼と上焼がある。歴史的にみると、荒焼の方が古い。

古くは窯場も各地に分散していた。明らかなところで、湧田や宝口（那覇市）や知花（沖縄市）で、カーミ（甕）やジーシガーミ（厨子甕）やシルハチ（擂鉢）などが焼かれていた。いずれも生活の実用品であったが、現在では貴重な考古資料として博物館でしか見ることができない。

17世紀の後半、というからこれも古いことだが、そうした各地の荒焼窯が壺屋に集められた、と伝わる。尚貞王の時代で、そこは首里城に近い所であった。以来、壺屋は近年に至るまで、沖縄でほとんど唯一最大の窯場として発展をみたのである。釉薬を用いての上焼がその壺屋で焼かれるようになったのは、17世紀末から後のことである。

そこがチブヤ（壺屋）と呼ばれたように、荒焼の主流は甕や壺にあり、大型のものが多く焼かれた。水の貯蔵や泡盛の仕込み、貯蔵にも必要であった。古く、一般の人の埋葬にも甕棺が使われた。それらは、茶褐色の焼締（無釉）の陶器（荒焼）である。

沖縄が本土復帰（昭和47〈1972〉年）して経済が高度成長するにつれ、生活様式の変化に伴って荒焼の甕や壺の需要が後退した。また、壺屋も市街地の中心部に取り込まれて、周囲に大型ビルが建つようになり、窯が郊外に転じるようにもなった。しかし、現在、1基だけ、それも半分だけガジュマルの樹の麓に荒焼の登り窯の跡が残る。かつては、そこの脇庭に成形したばかりの甕や壺が並べられ、乾かされ、そして窯詰めされ、何日もかけて焼かれていたものだ。強い日差しの下で、男たちが半裸で働いていた。昭和の時代までは、そうであった。

Ⅲ　営みの文化編　　149

荒焼の伝統的な技法は、蹴ロクロ（轆轤）を使った「叩き」であった。蹴ロクロの上に紐状の粘土を巻き上げ、内側を木製でスタンプ状の当て木で受け、外側から羽子板状の木で叩きながら形を整えていくのである。ロクロを足で蹴りながらの作業で、トントントンと叩き音が規則正しく響くようになると一人前、といわれた。

　器形が大きくなると、ロクロを蹴ることがむつかしくなる。そのときは、土間にそれを置き、粘土を巻き上げては、人がその周りを後ずさりに回って叩くのである。

　そうした熟練の叩きの技法は、四国や九州など西日本各地の主に甕・壺類を焼く窯場で見られた。しかし、現在ではほとんどが壺屋同様の理由で多くが後退して、確かめにくくなっている。

　もちろん、器形の小さなものは、足でロクロを蹴りながら、ロクロ上の粘土を手で挽き上げていく。大型陶器の需要が減ってからはそれが主流となったことも、改めていうまでもないことである。

上焼と彩色、彫刻　近年の壺屋焼の主流は、上焼である。そのまた主流は、食器である。もちろん、一方にジーシガーミ（厨子甕）のような大型陶器もあるが、量的には食器類が圧倒的に多い。中でも、特に他では見られない沖縄独特の形は先述のダチビンの他にユシビン（嘉瓶）がある。瓢箪型の大型酒器で、慶事のときに使われた。また、ミミチブ（耳壺）もある。豚の油を入れたものだが、耳に紐を通して吊り下げて使った。いずれも沖縄の食文化を象徴する形状である。

　上焼の基本的な色調は、灰白の化粧地に赤や青の上絵が施されている。特に、その絵付の筆運びが大胆で、まるで指先に顔料をつけて描いたような素朴さがある。かつて、濱田庄司とかバーナード・リーチなどの民芸陶芸家たちがその上絵を絶賛して、自分の作陶にも反映させたことは知る人ぞ識る事実である。

　器面に彫刻が施されているのも特色である。魚や鳥などの絵柄が、これも大胆な線で彫られ、淡い彩色が施されている。

　この上焼が、かつては壺屋で盛んに焼かれていた。先に述べたように、現在では、壺屋での窯数は減って、壺屋以外に移ったり新しく築いた窯

が多くなっている。特に、読谷村には20以上もの窯が集まっており、休日ともなると多くの愛陶家でにぎわっている。今や、沖縄での陶器生産の中心は読谷にある、といってもよい。

その読谷にいち早く移住して作陶に励んだのが、沖縄初の人間国宝（昭和60〈1985〉年指定）となった金城次郎（大正元〜平成16〈1912〜2004〉年）であった。

なお、壺屋で上焼を焼いていた新垣家は、その工房や窯を含んだ住宅全体が国の重要文化財に指定（平成14〈2002〉年）されている。

平成10（1998）年、那覇市立壺屋焼物博物館（那覇市）が開館した。壺屋のやきものに関する資料の収集の他、技術的に関連の深いアジア諸国のやきものも併せて展示されている。やきものの調査研究の拠点としての機能も果たしている、といえよう。

 Topics ● 赤瓦と獅子

かつて、琉球諸島の町や村を歩いていると、民家の赤瓦にしばし目を奪われたものである。それは、青い空や緑のサトウキビ畑と対比して炎のような緋色を発していた。瓦の縁が漆喰でとめられていたのは、台風で瓦が吹き飛ばされないためであった。

その赤瓦は、何カ所かで焼かれていたが、最大の窯場は朱里に近い南部の与那原村であった。そこでは、シーサー（獅子像）もつくられていた。最近は、壺屋焼の置物のシーサーをよく見かけるが、本来のシーサーは瓦と同様に素焼で、屋根の上にあって魔除けの役目を課せられていたのである。

そうした沖縄独特の風景も、今ではその気になって探さなければ見られなくなった。沖縄が本土復帰を果たしてから40年以上が経ち、その間に大半がコンクリート住宅に建て替わった。それは、生活の近代化ということでは望ましい変化であろうが、それがために赤瓦を焼く窯場はすっかりさびれてしまった。

IV

風景の文化編

地名由来

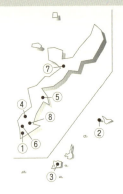

「大きな漁場(なば)」を意味する

　沖縄の地名の難しさは、その言語的な背景によるものだが、そのもとを正せば、歴史的な経緯にある。もともと、この地域は中国から見れば「琉球国」であり、日本側からは「沖縄」と呼ばれてきた。中国と日本の間にあって、独自な文化を培ってきた地域である。

　その沖縄を日本が直接的な支配下に置いたのは、薩摩藩からの侵略であった。慶長14年（1609）3月、島津氏は樺山久隆(かばやまひさたか)を総大将に、約3,000の兵と100余隻の軍船で侵攻し、4月には王都首里を攻め落とした。この武力行使は、豊臣秀吉が朝鮮侵略のための協力を琉球に求めてきたことに発している。当時、琉球は清からの冊封使を迎えるための準備をしており、島津氏と秀吉に協力できるような状況ではなかった。そんなことが武力支配の背景であった。

　明治5年（1872）9月、鹿児島藩の管轄に置かれていた琉球国は「琉球藩」となり、外務省の管轄となった。鹿児島藩という地方の管轄ではなく、日本政府の管轄となったのである。

　明治政府は、この琉球に対して「琉球処分」なるものを断行する。『沖縄縣史』では、この琉球処分を大きく3つの時期に区分している。

▶第1段階【明治5～7年（1872～74）】琉球藩設置および台湾事件の時期
　明治4年（1871）の暮れ、那覇から宮古島に帰ろうとした船が台風で遭難し、台湾に漂着し、乗組員66人のうち54人が殺害されるという事件が起こった。これを口実に琉球国を日本政府の直轄の藩にして、日本領地として確保しようとしたのが、「琉球藩」設置の背景であった。

▶第2段階【明治8～12年（1875～79）】「廃藩置県」に至る時期
　日本政府と琉球藩、それに加えて清国の思惑が働く中、政府は廃藩置県を断行する。全国どの地域でも廃藩置県は明治4年（1871）7月に行わ

れたが、沖縄に関しては8年遅れた明治12年（1879）4月のことであった。これをもって、500年以上続いた「琉球国」は滅び、正式に日本の領土とされたのである。

▶第3段階【明治13年（1880年）】「分島問題」の時期
「琉球処分」のやり方にクレームをつけてきた清国に対し、台湾に近い八重山・宮古島を清国に分譲しようとしたのが「分島問題」だったが、この案は結局実現しなかった。

　「沖縄」という地名に関しても多くの研究がなされている。「琉球」という国名は中国側がつけたもので、「沖縄」とは沖縄固有の言葉に基づいているというのは、すでに定説となっている。よく知られる事実だが、「沖縄」が最初に文献に登場するのは、『唐大和上東征伝』（779年）であるとされる。この本には、かの唐招提寺で有名な鑑真が日本に渡ってくる際、「阿児奈波」にいたったという記述がある。
　『平家物語』に、俊寛らが鬼界嶋に流されることになった時、「ゑらぶ、おきなは、きかいが嶋といへり」とある。ここでは平仮名で「おきなは」と出てくる。この「おき」は「大きい、沖」という意味で、「なは」は「漁場」の意味である。つまり、「大きいところ」「大きな漁場」などの意味である。ここで言う「なは」は、県都の「那覇」も同じ意味である。

とっておきの地名

①糸満（いとまん）　沖縄本島最南端に位置し、近年人口が増加し、発展著しい。明治41年（1908）、「糸満町」が発足し、昭和46年（1971）に「糸満市」となり、今日に至る。『大日本地名辞書』には「居民古来漁業に従事するを以て其体質音調乃至風俗習慣等著しく特色を帯び一見異人種の観を呈す」とある。
　琉球王国時代に8人のイギリス人がやってきたので、「eight man（エイトマン）」が訛って「イトマン」になったなどの俗説があるが、真実は「魚の獲れる場所」といった意味である。『琉球語辞典』（大学書林）によれば、iju（イヲ、ウオ）は「魚」である。「糸（イト）」は「イヲ」の転訛したものであろう。同辞典には「iju-mači」で「魚市（場）」とあり、「満（マン）」は「魚市（場）」のことであろう。

IV　風景の文化編　　155

②伊良部

「伊良部町」は宮古島の西隣にあった町で、「伊良部島」と「下地島」から成っていた。平成17年（2005）に「平良市」「城辺町」「上野村」「下地町」と合併して「宮古島市」となり、自治体としては消滅。

『大日本地名辞書』には「地勢は全部珊瑚岩より成り、縁辺岩壁を以て囲繞し中央部却りて平坦也、字称して野原と云ふ。海岸線の出入極めて緩慢にして泊舟地なし、其西南に下地島あり、一道の狭き水道を隔つ、元来連続の一島とす」と島の様子を描いている。

さて、この「伊良部」の由来だが、多くの文献ではそれを語っていない。私見では、これは間違いなく、「イラブー」というウミヘビに由来する。『沖縄語辞典』（研究社）には「エラブウミヘビ（永良部海蛇）。奄美諸島沖永良部島や沖縄本島南部久高島などでよくとれる。薬用、強壮剤として用いる」とある。沖縄地方では海蛇を神として崇める信仰があったのであろう。

③西表島

八重山郡竹富町に属する島で、八重山諸島では最も大きいが、山がちで平地に乏しい。「西」をなぜ「いり」と読むかがポイントだが、沖縄語では「西」を「イリ」と呼んでいるといういたって単純な理屈である。沖縄では「西」を「イリ」、東を「アガリ」と呼んでいる。言うまでもなく太陽の動きに由来する。

この島がどこから見て「西」かということだが、東にある石垣島の主峰である於茂登岳（526メートル）の表（正面）の意味だとされる。

④浦添

那覇市の北に位置する沖縄県第4の規模を持つ都市である。琉球王朝の発祥の地として知られる。『大日本地名辞書』には、「浦襲に作る。『ウラオソイ』は『浦々を支配する』の義なる事已に島尻郡の条下にも説きたり。首里以前の王都といふ。英租の時仏教始めて琉球に入り、王是れに帰依し、寺を浦添極楽山に刱建し、又初めて墳宝を寺側に営む」とある。もともと琉球王朝時に浦々を支配した歴史的経緯によるものであろう。

大正7年（1908）に「浦添村」が成立し、沖縄本土復帰2年前の昭和45年（1970）に「浦添市」となった。

⑤うるま

沖縄本島中部に位置する都市。平成17年（2005）、「具志川市」「石川市」中頭郡「勝連町」「与那城町」が合併して発足した新しい市名。那覇市・沖縄市に次いで3番目に人口が多い。『琉球語辞典』によれば、Uruma は「砂地の土地（島）」の意味か、とし、さらに「琉球（または沖縄）の雅名」とする。市からの情報では「サンゴの島」という意味ということになっており、つまるところ、砂地とサンゴの島ということになる。「うるま」という平仮名文字は、古来琉球では平仮名で表記していたことを考えれば妥当と言えるかもしれない。

⑥豊見城

「城」を「グスク」と読む例は沖縄に圧倒的に多い。この豊見城市はその典型だが、村名としては中頭郡の「中城村」「北中城村」がある。「グスク」は通常「城」という漢字が充てがわれることが多いが、その由来としては、①聖地拝所説、②城説、③集落説などが唱えられている。

沖縄では12〜15世紀頃が「グスク時代」と呼ばれ、13世紀には富と権力を手にした支配者が現れ、各地に砦としてグスクを築き、その数は16世紀になると300を超えたと言われる。

豊見城市は那覇市の南に接する那覇市のベッドタウンとして躍進している。両市の境をなしているのが国場川で、その川を見下ろすように聳えているのが豊見城である。眼下にはラムサール条約登録地である「漫湖」が広がり、マングローブの群生が見られる。

琉球は14世紀から15世紀前半にかけて、北山、中山、南山という3つの勢力が覇を競っていたが、この豊見城は南山の最北端に位置する砦である。

不思議な現象もある。市立「豊見城中学校」の「豊見城」は「トミグスク」だが、市立「豊見城小学校」、県立「豊見城高校」は「トミシロ」と読んでいる。

⑦名護

大正13年（1924）に「那古町」が成立し、昭和45年（1970）には「名護市」となる。名護湾に面する都市。『大日本地名辞書』には「恩納より名護に至る、海道は褶曲甚しく俗に名護曲と称す、其中字名護の海浜を名護浜と呼ぶ」とある。琉球語で nagu=nun、=mun で「和む」意味とされ、波が穏やかで和むところに由来すると言われる。

IV　風景の文化編　　157

ただし、Nagu には「シンがあって粘り強い」という意味もあるということで、それらを合わせた意味のようである。(『琉球語辞典』)

⑧ **与那原**（よ な ばる）
「**与那原町**（よ な ばるちょう）」は那覇市の東隣に位置する都市。町のキャッチフレーズは「太陽とみどり　伝統とやさしさを未来につなぐ海辺のまち」となっている。沖縄方言では「ユナバル」と発音し、意味は「砂地の海岸」というのが定説になっている。

　平成の大合併では与那原町を含めた近隣の4町村で「東方市（あがりかた）」の構想がなされたが、新庁舎の位置を巡り折り合いがつかず、与那原町は存続し、他の3町村は「南城市（なんじょう）」となった。「南城市」などというほとんど意味のない都市名にならなかったことを歓迎したい。

難読地名の由来

a.「**西武門**」（那覇市）**b.**「**西洲**」（浦添市）**c.**「**東江**」（名護市）**d.**「**世冨慶**」（名護市）**e.**「**保栄茂**」（豊見城市）**f.**「**今帰仁**」（国頭郡今帰仁村）**g.**「**伊武部**」（国頭郡恩納村）**h.**「**読谷**」（中頭郡読谷村）**i.**「**粟国**」（島尻郡粟国村）**j.**「**後原**」（島尻郡八重瀬町）

【正解】
a.「にしんじょう」（かつて花街だったことを考えれば、それなりに理解できる）**b.**「いりじま」（琉球語で「西」を「イリ」と呼ぶことから）**c.**「あがりえ」（琉球語で「東」を「アガリ」と呼ぶことから）**d.**「よふけ」（昔、那覇から国頭に行くとき、朝那覇を発っても夕暮れ（ユックイ）に着いたことから）**e.**「びん」（かつては「ほえむ」「ほへむ」と呼ばれていたので、この漢字を当てたのはわかるが、なぜ「びん」と呼んだのかは不明）**f.**「なきじん」（古語で中国や朝鮮半島からの新来者を「イマキ」と言い、その支配地をこう名づけたという）**g.**「いんぶ」（ヤーシ川（伊武部川）に沿って境界標識（「印」）を設けたことから「印部」となったのがルーツ）**h.**「よみたん」（四方を田んぼに囲まれた狭い場所だったことから「四方田狭」と表記され、「よもたんざ」→「よみたんざ」→「よみたん」と転訛したという）**i.**「あぐに」（粟の生産地で、「アワグニ」が転訛して「アグニ」となったという）**j.**「こしはら」（後に開拓した土地を指すか）

商店街

国際通り（那覇市）

沖縄県の商店街の概観

　沖縄県の内陸部集落（古村）は、御嶽（ウタキ）と呼ばれる拝所（祖先神を祀る聖地＝鎮守の森）を核に形成された例が多い。通常、御嶽は集落内で標高が高い場所に位置し、この丘を取り囲む形で集落が発展したと考えられる。御嶽には大岩や大木などの自然崇拝対象物が位置するとともに、祖先の骨が祀られる伝承も見られる。この拝所は城（グスク）と呼ばれる軍事的意味を持つ要塞（城郭）内にも分布する。海岸平野部では、石垣市の「○○ハカ（通り）」のように漁村時代の海に向かう複数の縦道が平行して見られる。

　新しい集落（新村）としては、沖縄島中北部内陸部や本部半島では、琉球王国滅亡後に士族が帰農移住した屯田兵村的な屋取（ヤードリ）集落が分布し、風水思想の影響で格子状街並み景観が見られる。

　やがて、このような町場に人口が増え、中心部にマチグヮー（市場）が自然発生し、その後に市場に隣接する街路に沿って商店街が形成された。

　1933年当時、沖縄県内市町村の公設市場は、那覇市（東市場・潟原市場・泊市場）、首里市（町端市場・赤田市場・平良市場）、島尻郡（糸満市場・与那原市場）、国頭郡（名護市場・渡久地市場・今帰仁市場）、宮古郡（平良市場）、八重山郡（石垣市場）の13カ所があった。これ以外に私設市場として、那覇市（崇元寺市場・久茂地市場・垣花市場）があった［中田邦彦（2009）『沖縄県の地理』編集工房東洋企画、p.78］。これらの多くは現在の商店街へと発展した。

　このような歴史の古い「市場」とともに、「映画館」が商店街形成に関わった例も見られる。例えば、沖縄本島北部では、名護十字路（旧国道58号と県道84号の交差点）には国際館、琉映館、アポロ館の3つの映画館があり、沖縄島北部ヤンバル（山原）住民に娯楽を提供しながら商店街発展に貢献した。このことは、那覇市の国際通りの地元での通称が映画館「アー

【注】この項目の内容は出典刊行時（2019年）のものです

ニー・パイル国際劇場」に、沖映通りが映画館「沖映本館」に由来することからも興味深い。

しかし、近年の郊外型大型ショッピング施設(駐車場完備)により、沖縄本島の市場由来の商店街は衰退傾向にある。

南部シマジリ(島尻)の中心である糸満市では、潮崎や西崎、浦添市の西洲、北谷町ハンビーなどは埋立地に形成された新しい商業施設・居住地区として発展している。また、広大な米軍施設が返還されて生まれた那覇市おもろまち新都心のようなケースもある。

いずれにせよ沖縄県の商店街の将来は「県民」だけを対象にしたのでは先細りである。県外・海外からの観光客をどう呼び込むかが課題となっている。海外からの大型客船が寄港できるのは、現在は那覇港と石垣港のみであるが、名護市や宮古島市でも港湾の整備が待ち望まれている。

これ以外に、商店街ではないが交通の不便な農山村部や離島には、「共同売店」と呼ばれ、地域の住民が出資者となって運営する集落単位の商店が見られる。共同店が最初に設立されたのは1906年である。

さらに、嘉手納基地に代表される軍属居住地域には、米軍とその家族・基地従業員を対象とした、大型店舗や娯楽施設が存在する。

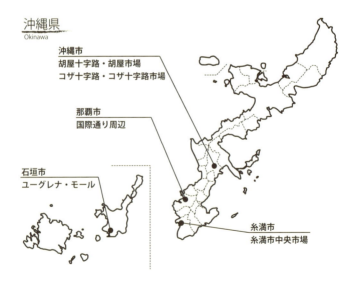

行ってみたい商店街

国際通り周辺 (那覇市)
―奇跡の1マイル―

　那覇市の商店街と言えば国際通りを思い浮かべる人が多い。この通りは今でこそ沖縄県一の繁華街になっているが、かつては野原の一本道に過ぎなかった。この場所に1947年に建設されたのが「アーニー・パイル国際劇場」である。アーニー・パイル(1900～45年)は第2次世界大戦中に沖縄戦で伊江島において戦死した従軍記者であり、彼の名前を付けることで米軍政府から「映画館の認可」が得やすかったために、この名称となったようである。1950年頃までは「牧志街道」「牧志大通り」と呼ばれていたが、映画館が繁盛し訪れる人が増えるとともに「国際通り」が定着した。同時に戦後復興の象徴として「奇跡の1マイル通り」とも呼ばれるようになった。

　那覇市には国際通りの中央南側に「牧志第一公設市場(生鮮食品が中心)」が、そのすぐ近くには「公設市場雑貨部」「公設市場衣料部」が隣接する。モノレール安里駅東には、「栄町市場(一高女、女師両校の跡地で、隣接する通りにはひめゆり通りの名称が付けられている)」がある。これらの市場と国際通りを結ぶ、「むつみ橋通り」と「市場中央通り」の間には「ガーブ川」が流れている。この川の上流部には「農連市場」(中央卸売市場)があり、ここから下流部が約500mにわたって暗渠化されて「水上店舗(第一街区～第四街区)」という新たな商店街となっている。この下流はむつみ橋交差点(スクランブル交差点)で国際通りの下を横切り、モノレール美栄橋駅方面に流れていて「沖映通り」となっている。

　これとは別に地元で「社交街」と呼ばれる飲み屋街(平和通りからモノレール牧志駅)には、桜坂社交街、神里社交街、竜宮社交街、グランドオリオン社交街(現在、屋台村として注目を集めている)が集中している。同様に、国際通りの北側にはニューパラダイス通り(社交街)がある。郊外の「飲み屋街」として松山・辻など新しい「花街」が発展している。

　国際通り周辺部(北西から海岸方向)には、琉球王国時代の中華街景観が残る「唐栄久米村(中国人居住区)」「福州園」がある。またモノレール牧志駅南側には、朝鮮半島からの陶工が移り住んだ「ヤチムン(焼き物)の商店街」である壺屋通りなど異国情緒を持つ独特の景観が見られる。

Ⅳ　風景の文化編

デパートとしては「山形屋」「伊勢丹」「ダイエー」があったが、いずれも撤退した。その要因として、モノレール開通、おもろまち駅周辺の米軍施設返還による再開発、DFS免税店が考えられる。国際通り南端には「パレット久茂地」大型店舗がある。

モノレール旭橋駅周辺は、現在はバスターミナルになっているが、戦前は鉄道駅（軽便鉄道・路面電車）として交通の要衝であった。現在、再開発が進んでいて、那覇空港や泊港（フェリー乗り場）とともに沖縄観光の拠点として確実に発展を遂げている。

糸満市中央市場（糸満市）

―ウミンチュ人情の商店街―

海人（ウミンチュ＝漁師）の町として発展してきた糸満市は、戦前には沖縄島南端の軽便鉄道・馬車鉄道のターミナル駅（サトウキビの集散地）で栄えた。しかし、沖縄戦では甚大な被害を受けた。近年は「戦跡巡り」「ウミンチュの町」など観光でも注目される。

国道331号と県道7号の交差点糸満ロータリーは、嘉手納ロータリーとともに米国占領時代の遺産で、ロータリーから西側に糸満中央市場を取り囲んで、センター通り、有栄通り、新世界通り、南通り、市場通りの5つの商店街がある。市場周辺には、古くからの休憩所・食堂のほか、近年は若者向けカフェやレストランもある。現在、ロータリーの再開発整備が行われ、歴史的な町並み景観復原が試みられている。

糸満市中央市場は、地元では「マチグヮー（市場）」と呼ばれ、早朝から糸満（アンマー：お母さん）たちで活気づく。糸満市民の台所として、採れたての野菜や鮮魚・豆腐（ゆし豆腐）・かまぼこなど生活に欠かせない地元の食材を安く購入できる。県外・海外の観光客が増えて賑わう那覇市の牧志公設市場とは異なり、日曜・祝日は閉店する店が多いので、賑わいを体験するには平日の早朝がおすすめである。観光客向けに2カ月に1回「チムチム市（チム＝心、心が結ばれる市場の意）」が開かれる。

海人（漁師）の町である糸満は「旧暦行事」が多く、その際の料理の食材購入では市場を利用する人が多く、特に賑わう。正月・盆・清明などの年中行事のほか、結婚式・生年祝・葬式など門中一族での冠婚葬祭が多いのが琉球文化の特色である。こうした時の「供え物」を、出席者にふるまう伝統的な沖縄料理に欠かせない「食材」を、まとめて大量に入手することができるのが市場である。

特に糸満の位置する島尻（沖縄島南端部）では、独特の食材の「カステラかまぼこ」「赤かまぼこ」「ナントゥー」などが市場で山積みされている。この景観は沖縄でも糸満市場でしか見られない。

また、近代化した商業施設では見られない地縁・血縁を反映した「商文化」と人間関係がここには存在している。どの店で買うのかについて、「親戚」「同じ集落の出店者」など血縁関係や地縁関係が重視されており、また売り手と買い手の会話や情報交換・値段交渉・調理法の伝授などの場となっている。特に長男に嫁いできた若い主婦にとっては、スーパーマーケットには見られない魅力が市場にはあると言われている。

糸満周辺にも郊外に大型商業施設ができ、自家用車での買い物はそちらに向いている。そのようななかで中央市場には独特の「人情」が見えてくる。訪ねてみたい商店街である。

胡屋十字路・胡屋市場、コザ十字路・コザ十字路市場（沖縄市）
―2つの中心―

嘉手納米軍基地の「門前町」としての沖縄市には、8つの商店街が存在する。賑わいの中心は「胡屋十字路」周辺である。コザ市と美里村が合併して沖縄市が誕生した1974年に、嘉手納ゲート通りにあった「胡屋市場」に接して、一番街（沖縄県最初のアーケード街）、センター通り、パークアベニューができた。1976年にはコザ十字路市場、本町通りの2つの商店街を起源として（統合、合併して）、銀天街（沖縄県で2番目のアーケード街）が誕生した。

基地門前町の視点から見れば、嘉手納ゲート近くの飲み屋街として胡屋十字路周辺に中の町、百件町が存在する。こちらは比較的高級感のある飲食店が多いのに対して、コザ十字路に接する飲み屋街は、庶民的な店が中心である。このような「棲み分け」は戦後、朝鮮戦争・ベトナム戦争期にはっきりと「階層化」されていったと考えられる。

また、嘉手納ゲート通りには「土産物屋」と「仕立て屋（テーラー）」が集中していて、インド人経営の店が多く見られる。彼らはインド系のテイラーとしての「手先の器用さ」を売り物にしている。そのようななかで「ジャズ喫茶」や「タトゥー（刺青）」専門店があるのは、米軍のもたらした文化の名残である。米軍とそれに支えられて発展してきた沖縄市であるが、近年「音楽の町」「沖縄芸能文化の町」として生まれ変わろうとしている。

IV　風景の文化編　　163

ユーグレナ・モール（石垣市）
―最西端・最南端の商店街―

　石垣市の中心集落は、町村制以前の4つの字、登野城、大川、石垣、新川からなり、総称して「四箇」「石垣四箇」と呼ばれてきた。この中心市街地には整然とした格子状の町割りを見ることができ、その背景には「風水」による都市計画がある。

　四箇集落の中心部に自然発生的に市場ができ、公設市場をはさんで海岸線に平行して通る2本の通りに沿って商店街が形成された。海側が中央通り商店街、山側が銀座通り商店街である。地元では1950年頃には、前者を「マチイ（市場）の大通り」、後者を「ヤグサミ（未亡人）スージグァー（狭い小路）」と呼ばれていた。「ヤグサミ」は、戦争で御主人を亡くした女性が、一家を支えるために市場近くの小路に露店を出したことがその起源で、石垣の女性のたくましさを示す名称とも言える。

　現在の公設市場の建物竣工（1989年）をきっかけに商店街にはアーケード屋根が建設され、「アヤパニ・モール」と呼ばれることになった。アヤパニは、石垣地方の保護鳥「カンムリワシの美しい羽根」を意味し、地元住民に愛着のある名称である。この起源は公設市場の近くにある与那国御嶽（ウタキ＝自然崇拝の聖地）を詠んだ詩に登場するアヤパニに由来する。

　こうして店舗が増え、一時的に賑わったが、アーケード屋根の維持に多額の出費がかさむため、「アヤパニ・モール」は財政的に苦境に立たされた。そのような時に、商工会議所が「命名権ドットコム」を通して命名者を募集したところ、東京に本社がある株式会社ユーグレナ（ミドリムシ（euglena）を意味する）が命名権を獲得し、2010年3月14日「ユーグレナ・モール」に改名された。健康自然食品の会社にとって石垣の美しい海と自然が会社のイメージの「宣伝効果」を高めるのに役立っている。

　美しい自然環境に恵まれた先島諸島は、その地理的な優位性を活かして、香港・台湾などの大型クルーズ船の寄港地として海外からの観光客を呼び込むことができれば発展することになるだろう。

　かつてポルトガル人が「レキオス」と呼んだ琉球王国は、「万国津梁の国」（海外との架け橋）として交易で栄えた。現在、沖縄県はアジアそして世界との「貿易と観光」の拠点として大きく注目されている。

花風景

国営沖縄記念公園海洋博公園のハイビスカス

地域の特色

九州から台湾に向かって弧状に南北約1,200キロにわたり南西諸島が連なるが、その北半が薩南諸島38島で鹿児島県に属し、南半が琉球諸島108島で沖縄県である。この琉球諸島は沖縄本島周辺の沖縄諸島、宮古島周辺の宮古列島、石垣島周辺の八重山列島からなる。15世紀に琉球王国成立、17世紀に薩摩(現鹿児島県)による武力征服、19世紀に沖縄県設置、20世紀に連合国軍アメリカ直接統治と本土復帰と複雑な歴史を歩む。北回帰線の熱帯域に近接した亜熱帯の気候で島嶼でもあり、独特の生態系を育んでいる。

花風景は、琉球王国の城跡の歴史を持つサクラ名所、本土復帰を記念した国営公園や民間の植物園の亜熱帯植物、八重山諸島の亜熱帯の花木群生地やマングローブなど、風土を端的に表している。

県花はマメ科デイゴ属の落葉樹のデイゴ(梯梧)である。樹高は約10メートルに生長し、枝を横に広げ、樹冠全体に燃えるような深紅の美しい花をつける。インド原産で沖縄はほぼ北限とされ、南国を象徴する花としてふさわしく、春には街路や公園などの至る所で見ることができる。生長が早く、材が柔らかく加工しやすいので、漆器の材料にもなっている。

主な花風景

名護中央公園のリュウキュウカンヒザクラ　*冬、日本さくら名所100選

沖縄本島北部名護市の西麓の小高い丘に名護中央公園があり、約3,000本のリュウキュウカンヒザクラが1月下旬から2月上旬に全国に先駆けて咲き誇る。サクラの開花が日本一早い場所である。全国に最も普及しているソメイヨシノは白く淡い桃色であるが、リュウキュウカンヒザクラは赤に近いぐらいの濃い桃色である。ただし、県内全体を見渡すと白色もある

凡例　*:観賞最適季節、国立・国定公園、国指定の史跡・名勝・天然記念物、日本遺産、世界遺産・ラムサール条約登録湿地、日本さくら名所100選などを示した

という。カンヒザクラの園芸品種は多く、リュウキュウカンヒザクラもその一種である。リュウキュウカンヒザクラの植樹は大正時代（1912〜26年）の初期に地元の青年団によって行われ、徐々に広がっていったという。また、一説には1928（昭和3）年に神殿と拝殿の改築を記念して、青年団が参道添いに植樹したともいう。

　この丘陵は14世紀頃に築城された名護城（なんぐすく）の城跡である。名護按司（あじ）の居城であった。按司とは領主を意味する役職名である。沖縄本島南部の佐敷按司であった尚巴志（しょうはし）が1429年に沖縄を統一し、琉球王国を成立させるが、やがて、名護按司も王朝のある首里（しゅり）へ移動する。この地には沖縄独特の信仰の地御嶽（うたき）の拝所（はいしょ）もあり、地元の人々は氏神（うじがみ）を祀（まつ）って尊崇（そんすう）し続け、今日に至っている。神域でもあり、豊かな森林が残り、国の天然記念物のカラスバトや特別天然記念物のノグチゲラの生息が確認されている。名護中央公園は面積約71ヘクタールの沖縄県の広域公園として守られるとともに、自然とふれあう市民の憩いの場ともなり、展望台からは名護市内やその先の美しい東シナ海が一望できる。

国営沖縄記念公園海洋博公園の熱帯・亜熱帯植物 （こくえいおきなわきねんこうえんかいようはくこうえんのねったい・あねったいしょくぶつ）

*春・夏・秋・冬

　沖縄といえばトロピカルなリゾート地のイメージがある。エメラルドグリーンの透明な海、そして、エキゾチックな鮮やかな色をした熱帯・亜熱帯の花が印象的である。赤い花のハイビスカス、赤や紫の花のブーゲンビリアは沖縄の街路、公園、庭園などを飾り、南国の楽園を思わせる。一説にハワイ諸島原産といわれる南国の花のハイビスカスは園芸品種が5,000種以上あるといわれる。ブーゲンビリアは、中南米の熱帯林原産と推定され、18世紀にイギリスのジェームズ・クックと太平洋諸島などの探検を競ったフランスのルイ・アントワーヌ・ド・ブーガンヴィルの隊員の植物学者フィリベルト・コマーソンが発見し、隊長か友人の名を付けたという。赤い花のデイゴやサンダンカ、橙色や黄色の花のオオゴチョウは沖縄の三大名花といわれ、デイゴとサンダンカは街路樹にも用いられ、沖縄らしさを引き立たせている。公園内にはらせん状に上る高さ36メートルの巨大な展望塔の遠見台（とおみだい）があり、公園全体や美しい東シナ海を一望できる。

　国営沖縄記念公園の海洋博公園は美ら海（ちゅらうみ）水族館やイルカショーで知られているが、熱帯ドリームセンターの熱帯・亜熱帯植物の花々も見事であり、

たわわに実るトロピカルフルーツも楽しませてくれる。熱帯ドリームセンターには、ランの花が常に2,000株以上咲き誇り、前述した花ももちろん観賞でき、「一千年の木に咲く白い妖精」といわれるアフリカバオバブや南米の最大直径2メートルの大きな葉と2日間咲く花を持つ不思議な水草オオオニバスなどの珍しい花も見ることができる。

　国営沖縄記念公園は沖縄本島にある国営公園で、本部町の臨海部にある海洋博覧会地区71.6ヘクタールと、那覇市にある首里城地区2.7ヘクタールの二つの地区からなる。海洋博覧会地区は、1972（昭和47）年の沖縄の本土復帰を記念して、75（同50）年から翌年に開催された沖縄国際海洋博覧会の跡地で、76（同51）年に国営沖縄海洋博覧会記念公園とした。その後、87（同62）年に公園名を国営沖縄記念公園に改称し、翌年、首里城地区を飛び地で編入した。首里城は第2次世界大戦で破壊されたので、国営公園として国の力で復元することとしたが、国営公園を1県に2カ所設置することもできず、また、首里城は小面積になることから、編入案となった。92（平成4）年、沖縄本土復帰20周年を記念して開園した。首里城は2000（同12）年に「琉球王国のグスク及び関連遺産群」として世界遺産になった。

東南植物楽園の熱帯・亜熱帯植物　＊春・夏・秋・冬

　沖縄市にある民間の植物園で、ユスラヤシ、トックリヤシ、リュウケツジュ、バオバブなどの樹木が熱帯地方の雰囲気を醸し出している。熱帯・亜熱帯の美しい花々も豊富で、沖縄を代表する赤いハイビスカス、デイゴ、サンダンカ、紫のブーゲンビリアはもちろん咲き誇り、その他黄色のコガネノウゼン、ソウシジュ、桃色のオオバナソシンカやイッペイ、赤色のハナチョウジ、ハナキリン、ランタナ、白色のゲットウ、プルメリア、青色のヒスイカズラ、紫色のコダチヤハズカズラ、ネッタイスイレンなどが多彩に咲き乱れる。

石垣島平久保のサガリバナ　＊夏

　南西諸島のほぼ最南端に位置する石垣島北部の平久保に何とも不思議で妖艶な美しいサガリバナの群生地がある。常緑の高木にフジのように幾つもの花が線状に連なり、枝から垂れ下がる。ただ、花はフジとは異なり白い糸のようなものが花火のように広がっている。これは花弁（花びら）で

IV　風景の文化編　　167

はなく、おしべだといわれる。まるで丹念に細工された装飾品のようである。香りも良い。「幸福に導く花」といわれている。平久保川の上流部に約300本自生しているという。奄美大島以南の南西諸島のマングローブ林付近の湿地などに自生し、当地が最大といわれている。花がより美しく思えるのは、夜に咲き一夜で落花する儚さからかもしれない。また、大自然の満天の夜空が美しすぎるのかもしれない。落花すると地面が花で覆われ、この風景もまた美しい。

　地元では発見者を中心に「ペーブク（平久保）サガリバナ保存会」を結成して、保全に努め、安全に鑑賞できるようにロープライトという足元のみの照明器具が設けられている。2013（平成25）年には、「夏の夜空に彩るペーブクサガリバナでふるさとづくり」が評価されて、「沖縄、ふるさと百選」に選ばれた。なお、隣接する西表島においては、カヌーによるサガリバナ観賞ツアーを実施している。夜明けのツアーでは花が川面に落ちる音が聞こえ、花が川面に浮かび、芳香をただよわせるという。

西表島のマングローブ　＊春、西表石垣国立公園、天然記念物

　石垣島に並ぶ八重山諸島の最大の島西表島には仲間川や浦内川の河口に広大なマングローブが発達している。このマングローブを見るエコツーリズムとして、カヤック体験がある。マングローブは独特の根を持つ樹形を楽しみ、特に花は観賞しないが、よく見ると美しい花である。仲間川下流域にはオヒルギ中心のわが国最大のマングローブが広がっている。常緑の大きな葉を持つ高木で、深紅の色鮮やかな萼に包み込まれて、黄色や淡黄色の花を咲かせる。残念ながらその下を通過するだけでは花は見えにくい。あまりにも萼が目立つのでアカバナヒルギとも呼ばれる。

　マングローブとは、熱帯・亜熱帯地方の河口の淡水と海水が混じる汽水域の湿地に群生する樹林の総称である。わが国にはメヒルギ、オヒルギ、ヤエヤマヒルギ、ハマザクロなどのマングローブが生育している。河口の泥質では根が酸素を吸収しにくいことから、潮位の干満差のときに根が空中に現れ、酸素を取り入れるという独特の仕組みを持っている。干潮時には呼吸根と呼ばれる、タコの足のようにはびこる根を見ることができる。世界的にはマングローブは自然破壊により減少傾向にあり、貴重な湿地の森林となっている。

168

公園 / 庭園

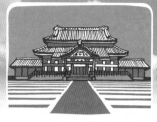

国営沖縄記念公園首里城

地域の特色

　九州から台湾に向かって弧状に南北約1,200kmにわたり南西諸島が連なるが、その北半が薩南諸島38島で鹿児島県に属し、南半が琉球諸島108島で沖縄県である。この琉球諸島は沖縄本島を主島とする沖縄諸島、宮古島を主島とする宮古諸島、石垣島を主島とする八重山諸島からなり、宮古・八重山諸島を総称して先島諸島という。八重山諸島は有人島としてはわが国最南端の北緯24度に位置し、北回帰線の熱帯域に近接している。与那国島からは台湾が遠望でき、時期によって南十字星を観察できる。

　1429年、統一国家の琉球王国が成立し、1609（慶長14）年の薩摩（現鹿児島県）島津氏の武力征服事件を経て、1879（明治12）年、沖縄県が設置され、日本に編成された。しかし、第二次世界大戦後、アメリカの直接統治下で琉球政府が置かれ、1972（昭和47）年、本土復帰が実現した。琉球王国は地政学的に中国と日本に挟まれる微妙な位置にあり、複雑な歴史と文化を築いてきた。2000（平成12）年、琉球王国の首里城などの5カ所のグスク（城）と識名園などの4カ所の関連遺産が世界文化遺産「琉球王国のグスク及び関連遺産群」になった。

　南西諸島は2017（平成29）年現在最も注目されている自然公園地域である。沖縄本島、西表島は、亜熱帯の島嶼でもあり、独特の豊かな生態系を育み、生物多様性確保の観点から、奄美群島とともに国立公園化・世界自然遺産化が望まれている地域である。従来、この地域の亜熱帯の照葉樹林、干潟・サンゴ礁などの海域景観の保全が遅れていた。また、この地域の人間と自然が共生する文化も新たに評価されている。

　自然公園は国立公園の新規指定と拡張が進み、琉球政府から継承した特殊な国定公園もある。都市公園・庭園は琉球王国にちなむものが中心である。

凡例　🅐自然公園、🅑都市公園・国民公園、🅒庭園

主な公園・庭園

目 西表石垣国立公園西表島 *特別天然記念物、天然記念物

　八重山諸島の西表島と石垣島の間には竹富島、黒島など個性ある島々が浮かび、海域はテーブル状、枝状、半球状など多様で広大なサンゴ礁を生み、透明の水質と色鮮やかな魚類とともに比類ない海中景観を呈している。西表島は大半が亜熱帯性の深い照葉樹林に覆われ、浦内川、仲間川の上流には見事な滝があり、河口にはマングローブ林が発達し、自然を守りながら探勝するエコツーリズムの先進地となっている。竹富島の重要伝統的建築物保存地区は、長野県の妻籠宿と同様、住民の力で「竹富島憲章」をつくり、乱開発から守ってきた歴史がある。

　沖縄は1945（昭和20）年のアメリカ軍の占領以降アメリカの統治下に置かれ、72（昭和47）年5月15日、本土への復帰を果たすが、同日付けで西表国立公園が誕生する。69（昭和44）年、沖縄の返還が合意され、70（昭和45）年から国の方針によって国立公園・国定公園の指定が準備され、西表も復帰1カ月前に琉球政府立公園に指定されていた。2007（平成19）年、西表国立公園に石垣島の一部が編入され、西表石垣国立公園に改称され、12（平成24）年、西表島と石垣島などの陸域・海域を大規模に拡張し、海域公園地区を23地区、15,923haに増やした。

　西表島の名を世にとどろかせたのは、1965（昭和40）年のイリオモテヤマネコの発見であった。骨格などの形質から原始的なネコ類の新種と発表され、20世紀の中型哺乳類の奇跡の発見とされた。しかし、その後の遺伝子DNA解析の進歩から、アジア東部に生息するベンガルヤマネコの亜種と認定された。それでも西表島の固有種で貴重なことに変わりなく、種の保存法の国内希少野生動植物種、文化財保護法の特別天然記念物に指定されている。生息域の開発、交通事故、ノネコからの病気感染などで減少し続け、環境省のレッドリストで最も絶滅の危機に瀕しているカテゴリーである絶滅危惧IA類に分類されている。2007（昭和19）年頃、個体数が約100頭と推定され、環境省は保護増殖事業などを進めている。1978（昭和53）年、ドイツのネコ科動物研究の世界的権威パウル・ライハウゼン博士が、イリオモテヤマネコ保護のため島民は移住すべきという「ライハウ

ゼン文書」を発表し、島民から「人かネコ」かという反発をかった。保護と開発の問題は今も課題であり、持続的開発による「共生」は簡単ではない。

🎋 やんばる国立公園やんばる　＊天然記念物

　やんばるとは沖縄の言葉で「山原」を指し、沖縄本島北部山地のわが国最大級の亜熱帯照葉樹林が広がる地域である。2016（平成28）年、沖縄海岸国定公園の一部を編入して、33カ所目の新しい国立公園として誕生した。やんばるは黒潮の暖かさと台風などの降雨の多さからスダジイやオキナワウラジロガシなどの豊かな森を生み、その結果、日本全体の鳥類の約半分、カエルの約4分の1の種類が確認されるなど、豊かな生き物を育んできた。生物多様性の宝庫である。また、沖縄本島をはじめとする琉球列島は地殻変動によって大陸とつながったり離れたりしてきたことから、島ごとに固有種を生みだしてきた。やんばるにはヤンバルテナガコガネ、ヤンバルクイナ、ノグチゲラなどの固有種が見られる。石灰岩の海食崖やカルスト地形、マングローブ林なども見られる。

　一方、琉球王朝時代から近年まで、やんばるの豊かな森は土地の人々の里山としても薪炭、船舶建材、琉球藍づくりなどに利用されてきた場所であり、自然との共生の文化を培ってきた人々の営みの地であった。独特の祭祀文化も継承されている。

🎋 慶良間諸島国立公園慶良間諸島　＊重要文化財、天然記念物

　慶良間諸島国立公園は、沖縄本島西方海上の大小30余りの島々と多数の岩礁からなる島嶼群で、沖縄海岸国定公園の一部を編入して、2014（平成26）年に誕生した新しい公園である。陸域面積は3,520haと国立公園では最小であり、海域面積90,475haと大半が海域の新しいタイプの国立公園である。多様なサンゴ礁の海中景観、ケラマブルーと呼ばれる美しい海とサンゴのかけらからなる白い砂浜、ザトウクジラの繁殖海域、多島海景観、海食崖と多彩な景観を呈している。多島海は地殻変動によって陸地が沈降した山頂の名残である。海岸も沈降海岸のリアス海岸を示し、湾入が多い変化に富む海岸となっている。外洋に面して海食崖が発達し、200mに達する断崖も見られる。

　慶良間諸島には沖縄特有の伝統文化が数多く残り、その一つ、海の彼方

Ⅳ　風景の文化編　　171

の神界ニライカナイを拝礼する聖地「御嶽」も多く見られる。各地域の集落に御嶽の拝所があり、人々が年中行事の海神祭やそのほかで祖先を祀り、漁業繁栄や航海安全を祈願している。海との関わりが人々の生活に深く根付き、海と共生していることがわかる。慶良間諸島はかつて沖縄本島から中国へ渡る経由地であったが、太平洋戦争の沖縄戦においてはアメリカ軍が最初に上陸した場所でもあった。

▤ 沖縄戦跡国定公園摩文仁の丘・ひめゆりの塔

　太平洋戦争の沖縄戦では壮絶な地上戦が行われ、南部で多くの悲劇を生み、多数の犠牲者を出した。沖縄戦跡国定公園は、平和を祈って、摩文仁の丘を中心に洞窟やひめゆりの塔などの戦跡地を公園にしたものである。アメリカ占領下において、琉球政府は1957（昭和32）年に政府立公園法を制定、65（昭和40）年に沖縄戦跡、沖縄海岸、与勝海上の3カ所の政府立公園を指定する。72（昭和47）年5月15日、沖縄の本土復帰と同日付けで、沖縄戦跡と沖縄海岸の国定公園が誕生する（小沢、2013、pp.439-442）。アメリカの国立公園体系には国立戦跡公園、国立戦跡地区などがあり、琉球政府はこの影響をうけたと推測され、日本政府に継承されることで他に見られない国定公園を生みだしたといえる。

▣ 国営沖縄記念公園（首里城地区）および首里城公園

＊世界遺産、国営公園、重要文化財、史跡、名勝、日本の都市公園100選、日本の歴史公園100選

　那覇市の北東に位置し、年間250万人以上が訪れる沖縄県の代表的な観光地である。国営沖縄記念公園は沖縄県内に2カ所あり、一つが有名な沖縄美ら海水族館がある海洋博公園、もう一つが首里城公園である。首里城は琉球を統一した尚巴志が15世紀に築き16世紀に拡張された。琉球王国は日本、朝鮮、中国などとの外交や貿易によって発展したが、17世紀初頭の薩摩藩による侵攻の後は、表向きは中国の支配下にありながら実際には薩摩と幕府に従属するという複雑な状況が続いた。首里城は1879（明治12）年に日本政府が沖縄県を設置するまで琉球王国の城として使われていた。その後荒れるにまかせた首里城はいったん取り壊すことが決まったが、それを知った専門家の進言により保護が決定し、その後国宝に指定された。

172

しかし、第二次世界大戦中に日本軍の司令部があったために爆撃をうけ首里城一帯はすべて破壊し尽くされてしまった。戦後は一時期琉球大学のキャンパスとして利用されていたこともあった。

一方、1956（昭和31）年には残った古材を集めて園比屋武御嶽が復元され、58（昭和33）年には住民の有志による寄付もあって守礼門が復元されるなど、少しずつ建物が蘇っていった。72（昭和47）年の沖縄の本土復帰とともに首里城跡は国の史跡に指定された。国営公園の首里城地区は92（平成4）年に本土復帰20周年を記念して開園した。これによって中心部分は国営公園として、周辺地区は県営公園として整備されることになった。最も有名な首里城正殿は戦前の文化財指定時の図面や資料、聞き取り調査や写真を用いて厳密な復元が行われた。建設にあたって沖縄県北部のやんばるで切り出したウラジロガシの大木を木遣行列で首里城まで盛大に運んだ。首里城は数々の建物だけではなく城の周囲をうねりながらめぐる白い琉球石灰岩の石垣も美しく特徴的である。

首里城跡のほか、円覚寺跡が史跡に、首里城書院・鎖之間庭園は名勝に、そして園比屋武御嶽石門、旧円覚寺放生橋は重要文化財に指定されている。さらに、首里城周辺には世界遺産の玉陵や県指定文化財の首里金城町石畳道など琉球王国に関わりの深い文化財が多く集まる。2000（平成12）年に「琉球王国のグスク及び関連遺産群」として世界遺産に登録され、首里城と園比屋武御嶽が構成資産になっている。

郡 平和祈念公園

平和祈念公園は沖縄本島南端にある糸満市の西の海岸沿い、凄惨な沖縄戦が終結した場所である摩文仁の丘を望む場所に位置している。前ページでとり上げた国定公園「沖縄戦跡国定公園摩文仁の丘・ひめゆりの塔」の中に、戦争を伝え平和の情報を発信するために整備された県営の都市公園である。1978（昭和53）年には平和祈念堂や式典広場がつくられた。海を望む広々とした敷地には国立沖縄戦没者墓苑がある。住民が収骨し各地で慰霊を行っていた遺骨を日本政府が統合し79（昭和54）年にこの墓苑に移した。終戦50年を記念し95（平成7）年には公園が再整備された。「平和の礎」は平和の広場を中心に同心円状に配置された碑に沖縄戦などで亡くなった人々の名が刻まれたものである。視線を遮らない高さで23万人とい

IV 風景の文化編　173

う戦没者の数を視覚的に感じられること、戦争体験を風化させないよう絶えず打ち寄せる波のイメージからデザインが着想されたという。園路には白い琉球石灰岩が使われ、県木のリュウキュウマツが植えられている。公園には各県からの慰霊団や修学旅行生が訪れ、毎年、沖縄戦没者追悼式が開催される。

都 名護城公園（名護中央公園）

名護市の市街地の南東に位置する公園で、日本で最も早く桜が楽しめる名所である。桜はソメイヨシノではなく濃い桃色のカンヒザクラで、毎年1月に名護さくら祭りが開催される。大正時代の初めに地元の青年団が50本の桜を植え、その後川沿いにも徐々に広がり1963（昭和38）年には第1回のさくら祭りが開催された。名護城は名護岳の西の麓にある標高約100mの小高い山で山頂からは14世紀前後の遺物が見つかっている。近世には御嶽として信仰され現在も多くの拝所がある。名護岳の中腹には県立名護青少年の家がありハイキングの拠点となっている。信仰の対象となっているため豊かな森林が残されており、国の天然記念物のカラスバトや特別天然記念物のノグチゲラの生息が確認されている。

庭 識名園 　＊世界遺産、特別名勝、日本の歴史公園100選

識名園は、首里城から徒歩で20分ほどかかる那覇市真地に位置している。琉球王国第二尚氏の15代尚温が中国皇帝からの使い（冊封使）を歓待するために、1798（寛政10）年に造営を決定して、翌年に識名園を完成させている。識名園というのは近代の呼び名で、当時は「南苑」あるいは「識名之御殿」と呼ばれていた。日本風の大名庭園に中国的な要素を取り入れたようになっていることが、この庭園の特色だった。1879（明治12）年に沖縄県が設置された後に、識名園は尚家の私有になったが、第二次世界大戦の沖縄戦で破壊されてしまった。復元整備が進められていたが、1992（平成4）年に那覇市へ譲渡されて、復元が終了した95（平成7）年に一般公開されている。

入口から続くガジュマル並木には気根が垂れ下がっていて、沖縄を感じさせる。水源になっている育徳泉は中国風の切石積みで、透き通った水が湧いている。園池の中央近くに中島が築かれていて、その両側に琉球石灰

岩を使った切石積みの石橋と自然石のまま積み上げた石橋が、西湖堤風に架かっている。園池の北側には、沖縄赤瓦を白い漆喰で止めた屋根をもつ御殿が再現されていて、中に入ることができる。建物から園池を眺めると、北東側の小島に建っている中国風の六角堂が見える。御殿を出て園池の周りをめぐって行くと、南側に「舟揚場」と呼ばれる舟入が設けられている。東側にある排水溝部分には石樋が突き出していて、滝のように水が流れ落ちている。以前は下に四阿が建てられていて、涼しさを味わいながら眺望を楽しんでいたという。園池の東側から北側にかけては築山が築かれていて、樹木の間を散策できるようになっている。

　園内の植栽はソテツ、サルスベリ、シャリンバイのような本州でも見られるものもあるが、アカマツに似たリュウキュウマツや常緑広葉樹のフクギなど、熱帯性の植物が多い。

宮良殿内庭園　＊名勝

　石垣島（石垣市大川）にある宮良殿内庭園には、フェリーがなくなったので、飛行機で行くしかない。1819（文政2）年に宮良当演が、石垣島東部、西表島北東部などの地域を管轄する宮良間切頭職に任命されたことを記念して、宮良殿内庭園をつくったという。首里の庭師城間親雲上の設計・指導とされているが、「親雲上」というのは中級士族に対しての称号なので、城間は民間の職人的な庭師ではなく、琉球王国の庭園担当の役人と考えるべきだろう。母屋の東庭の左右に琉球石灰岩を組み上げて山を築き、中央に石橋を架けて連結させている。中国風にも見えるのは、石灰岩なので穴があいていて太湖石に近いのと、石組が中国の石の積み方に似ているからだろう。しかし、石組は隙間なく貼り合わせる中国的手法ではなく、それぞれの石を地面に立てているので、日本の石組の系統に属している。

　同じ石垣市内の石垣氏庭園と宮良殿内庭園は、形態が類似するとされている。石垣邸には『庭作不審書』という問答集が残っていて、「庚申（1800年）大浜親雲上殿」と記されていることから、庭園は1800年頃につくられたと考えられている。宮良殿内庭園も同時期と見ていいのだろう。

IV　風景の文化編　175

温泉

地域の特性

　沖縄県は、日本の最南端にあり、サンゴ礁の島々からなる県で、全域が亜熱帯性気候に属す。古来、中国の影響を受けて独自の文化を形成し、琉球王国として繁栄した。第2次世界大戦末期には主戦場となり、多くの犠牲者を出した。1972（昭和47）年5月15日に日本に復帰した。沖縄の主産業はサトウキビやパイナップルであったが、観光が盛んになり、今日に至っている。沖縄の見所は、まず首里城への入口の「守礼門」、沖縄戦での犠牲者を祀る摩文仁の丘や本島中部にある万座毛の海食景観、14世紀の居城跡の今帰仁城跡、国営沖縄記念公園や先島諸島の石垣島や竹富島などである。

◆旧国名：琉球　県花：デイゴ　県鳥：ノグチゲラ

温泉地の特色

　県内には宿泊施設のある温泉地は、わずかに5カ所であり、県の資料では温泉地名はついていない。恩納村と竹富町に各1軒、那覇市に2軒の宿泊施設が稼働している。10源泉のうち42℃以上の高温泉が6源泉と多いのが特徴であり、泉質はそれぞれ炭酸水素塩泉、硫酸塩泉、塩化物泉である。年間延べ宿泊客は約77万人を数えてかなり多く、都道府県別では39位である。

主な温泉地

①山田　炭酸水素塩泉

　県北部、沖縄本島中西部の恩納村にある新興の温泉地であり、ルネッサンスリゾートオキナワのホテル内にある。温泉の温度は23℃で低く、湧出量も多くはないが、泉質は含硫黄炭酸水素塩泉である。沖縄県第1の温

泉地延べ宿泊客数の地位にある。この温泉は大正時代に自然湧出していた
が、2008（平成20）のリニューアルに際して温泉施設が充実した。プラ
イベートビーチもあり、家族連れに喜ばれている。

交通：那覇市バス1時間30分

執筆者 / 出典一覧

※参考参照文献は紙面の都合上割愛
しましたので各出典をご覧ください

Ⅰ　歴史の文化編

【遺　　跡】　石神裕之　（京都芸術大学歴史遺産学科教授）『47都道府県・遺跡百科』(2018)

【国宝 / 重要文化財】　森本和男　（歴史家）『47都道府県・国宝 / 重要文化財百科』(2018)

【城　　郭】　西ヶ谷恭弘　（日本城郭史学会代表）『47都道府県・城郭百科』(2022)

【戦国大名】　森岡浩　（姓氏研究家）『47都道府県・戦国大名百科』(2023)

【名門 / 名家】　森岡浩　（姓氏研究家）『47都道府県・名門 / 名家百科』(2020)

【博物館】　草刈清人　（ミュージアム・フリーター）・可児光生　（美濃加茂市民ミュージアム館長）・坂本昇　（伊丹市昆虫館館長）・髙田浩二　（元海の中道海洋生態科学館館長）『47都道府県・博物館百科』(2022)

【名　　字】　森岡浩　（姓氏研究家）『47都道府県・名字百科』(2019)

Ⅱ　食の文化編

【米 / 雑穀】　井上繁　（日本経済新聞社社友）『47都道府県・米 / 雑穀百科』(2017)

【こなもの】　成瀬宇平　（鎌倉女子大学名誉教授）『47都道府県・こなもの食文化百科』(2012)

【くだもの】　井上繁　（日本経済新聞社社友）『47都道府県・くだもの百科』(2017)

【魚　　食】　成瀬宇平　（鎌倉女子大学名誉教授）『47都道府県・魚食文化百科』(2011)

【肉　　食】　成瀬宇平　（鎌倉女子大学名誉教授）・横山次郎　（日本農産工業株式会社）『47都道府県・肉食文化百科』(2015)

【地　　鶏】　成瀬宇平　（鎌倉女子大学名誉教授）・横山次郎　（日本農産工業株式会社）『47都道府県・地鶏百科』(2014)

【汁　　物】　野﨑洋光　（元「分とく山」総料理長）・成瀬宇平　（鎌倉女子大学名誉教授）『47都道府県・汁物百科』(2015)

【伝統調味料】　成瀬宇平　（鎌倉女子大学名誉教授）『47都道府県・伝統調味料百科』(2013)

【発　　酵】　北本勝ひこ　（日本薬科大学特任教授）『47都道府県・発酵文化百科』(2021)

| 【和菓子／郷土菓子】 | 亀井千歩子　（日本地域文化研究所代表）『47都道府県・和菓子／郷土菓子百科』(2016) |
| 【乾物／干物】 | 星名桂治（日本かんぶつ協会シニアアドバイザー）『47都道府県・乾物／干物百科』(2017) |

Ⅲ　営みの文化編

【伝統行事】	神崎宣武　（民俗学者）『47都道府県・伝統行事百科』(2012)
【寺社信仰】	中山和久　（人間総合科学大学人間科学部教授）『47都道府県・寺社信仰百科』(2017)
【伝統工芸】	関根由子・指田京子・佐々木千雅子　（和くらし・くらぶ）『47都道府県・伝統工芸百科』(2021)
【民　話】	狩俣恵一　（沖縄国際大学名誉教授）／花部英雄・小堀光夫編『47都道府県・民話百科』(2019)
【妖怪伝承】	大田利津子　（NPO法人沖縄伝承話資料センター副理事長）／飯倉義之・香川雅信編、常光 徹・小松和彦監修『47都道府県・妖怪伝承百科』(2017)イラスト©東雲騎人
【高校野球】	森岡 浩　（姓氏研究家）『47都道府県・高校野球百科』(2021)
【やきもの】	神崎宣武　（民俗学者）『47都道府県・やきもの百科』(2021)

Ⅳ　風景の文化編

【地名由来】	谷川彰英　（筑波大学名誉教授）『47都道府県・地名由来百科』(2015)
【商店街】	西岡尚也　（大阪商業大学公共学部教授）／正木久仁・杉山伸一編著『47都道府県・商店街百科』(2019)
【花風景】	西田正憲　（奈良県立大学名誉教授）・上杉哲郎　（㈱日比谷アメニス取締役・環境緑花研究室長）・佐山 浩　（関西学院大学総合政策学部教授）・渋谷晃太郎　（岩手県立大学総合政策学部教授）・水谷知生　（奈良県立大学地域創造学部教授）『47都道府県・花風景百科』(2019)
【公園／庭園】	西田正憲　（奈良県立大学名誉教授）・飛田範夫　（庭園史研究家）・黒田乃生　（筑波大学芸術系教授）・井原 縁　（奈良県立大学地域創造学部教授）『47都道府県・公園／庭園百科』(2017)
【温　泉】	山村順次　（元城西国際大学観光学部教授）『47都道府県・温泉百科』(2015)

索　引

あ行

あーさーぬする	83
アーサーの玉子焼き	76
アーサ汁	69
アイゴの塩辛	70
赤犬子	134
赤瓦	151
アカマタ・クロマタ	112
東江（あがりえ／名字）	47
あぐーあんだんすー	87
あぐー豚	72
アグーブランド豚	72
粟国の塩	87
按司	25, 30
足ティビチー	73
あじまーす（青い海）	87
アセロラ	63
アセロラジュース	66
アセロラゼリー	66
安田の神アサギ	118
アダンの夢	87
アテモヤ	63
アバサー汁	70
アヒル料理	75
油味噌	95
アマクサ	64
阿麻和利	30, 31
新垣（名字）	42
新垣家住宅	23
東新川（ありあらかわ／名字）	47
東小橋川（ありこばしがわ／名字）	47
泡瀬ビジュル	119
泡盛	93
泡盛古酒	97
アンダーギー	58
伊江（名字）	46
伊江家	32
イカスミ汁	69, 83, 90
イザイホー	115
石垣牛	72
石垣市	3
石垣島の自然海塩	87

石垣島平久保のサガリバナ	167
石垣市立八重山博物館	37
石川高	143
糸数城	26
糸数家	33
糸満	155
糸満大綱引き	54
糸満高	143
糸満市	3
糸満市中央市場	162
いなむどぅち	73, 82, 95
遺念火	138
いももち	57
伊良部	156
イラブー汁	70
西表石垣国立公園西表島	170
西表島	156
西表島のマングローブ	5, 168
炒りごま	88
上江洲家	33
上江洲家住宅	23
浮島神社	117
受水走水	53
ウコン	88
ウコン粉末	106
牛マジムン	138
うじゅう菓子（三月菓子）	101
ウスデーク	54
御嶽	117
ウッカガー	53
大御嶽	120
産神問答	133
海神祭	95
海ぶどう	68
海ブドウ丼	53
うむくじ	102
ウムクジガリガリ	60
ウムクジムチ	57, 59
ウムシイムン	74
ウムナントゥー	60
浦添	156

浦添商（高）	143
浦添ようどれ遺跡	16
浦底遺跡	16
うるち米	51
うるま	157
うるま市立海の文化資料館	40
ウンガミ（ウンジャミ／海神祭）	54, 95, 114
エイサー	114
絵姿女房	133
オートー	64
大歳の客	132
オオベニミカン	64
掟十五条	9
沖縄アーサ	106
沖縄イラブー	106
沖縄風ちゃんぽん	77
沖縄蒲鉾	69
沖縄乾燥もずく	106
沖縄県平和祈念資料館	38
沖縄県立博物館・美術館	36
沖縄語	6
沖縄黒糖蜜	90
沖縄こども未来ゾーン・沖縄こどもの国	39
沖縄サンゴ海深塩	88
沖縄市	3
沖縄島らっきょう豚味噌	87
沖縄尚学高	143
沖縄水産高	143
沖縄戦	10
沖縄戦跡国定公園摩文仁の丘・ひめゆりの塔	172
沖縄ソバ	90
沖縄美ら海水族館	38
沖縄の海水塩	87
沖縄の海水塩「青い海」	88
沖縄のだし	89
沖縄ひじき	106
沖縄紅芋	106
沖縄陸軍病院南風原壕群	19
奥平（名字）	43
おにささ	77
おにポー	54

180

大竹御嶽	122	久米島紬	125	——しょうゆ	87
おもろさうし	22	グルクン	70	——スパイス	89
オヤケアカハチ	8, 31	黒潮源流塩、花塩	87	——ポン酢	88
小禄(名字)	45	クンペン	103	——水まんじゅう	65
小禄家	33	慶良間諸島	171	シーサー	151
小禄家	33	香辛料	88	地漬	95

か 行

		興南高	144	清明祭	102
カーブチー	64	ゴーヤ	7	塩漬け豚	73
海藻料理	68	古我地原貝塚	14	識名園	174
カクテル風マンゴージンジ		国営沖縄記念公園(首里城		シシ刺し	75
ャー	65	地区)および首里城公園		獅子像	151
カステラかまぼこ	76		172	仕次ぎ	97
絣	124	国営沖縄記念公園海洋博公		シヌグ	112
カタハランブー	101	園の熱帯・亜熱帯植物		島こーれーぐすー	88
かちゅー湯	95		166	島津氏	8
勝連城	26	国際通り周辺	161	島唐辛子	105
嘉手納高	144	黒糖	88-90	シマノーシ	96
金丸	31	黒糖酢	90	島のらー油	88
嘉保根御嶽	121	護国寺	117	島袋(名字)	42
神田(名字)	43	護国神社	117	島豚ごろごろ	90
嘉陽家	34	コザ十字路・コザ十字路市		下田原貝塚	15
からし粉(芥子粉)	105	場	163	十五夜のふちゃぎー	102
唐名と名字	44	子育て幽霊	139	熟成肉	83
かるかん	59	小麦	52	首里織	128
カンジン貯水池	52	胡屋十字路・胡屋市場	163	首里城	144
キジムナー	135, 138	ゴレンシ	64	首里城	4, 27
喜如嘉芭蕉布	125	昆布の炒め煮	69	首里城跡	17

さ 行

きっぱん(桔餅／橘餅)	59.			首里城公園	37, 172
	98	サーターアンダーギー	59.	首里地区	3
宜野座高	144		100, 104	守礼門	4
宜野湾市	3	蔡温	9	尚(名字)	45
宜野湾市立博物館	39	魚のマース煮	70	尚氏	32
キビ	52	サガリバナ	167	尚円	31
きび太郎	90	崎間家	34	正月菓子(那覇)	101
喜宝院	121	座喜味城	27	尚家	34
キャッサバ澱粉	107	冊封	9	尚思紹	30
喜屋武(きゃん／名字)	46	冊封使の饗応料理	100	尚思紹・巴志父子	12, 30
旧円覚寺放生橋	22	砂糖	89	醸造用米	52
喜友名(名字)	42	サトウキビ	7	照太寺	118
魚介料理	69	さとうきび酢	88	尚徳	31
金武大川(ウッカガー)	53	さとぱんびん	102	尚寧王	9
クース	97	三月菓子	59. 104	尚巴志	25
ククメシ	73	三線	6, 124	醤油	80. 86. 93
具志川家	34	サンバイ・イソバ	8	食塩	80. 87
具志堅(名字)	46	三枚肉使用の料理	74	不知火	63
グスク	25, 30	酸味料	88	白保竿根田原洞穴遺跡	13
後生からの使者	139	酸味料としてのシークヮー		シルアンダギー	101
クファジューシー	53, 73	サー	89	しるいちゃのすみ汁	82
組踊	5	シークヮーサー	62	新名護博物館	41
球美の塩	87	——こしょう	90	スイカ	64
				スクガラス	94

索　引　181

スク森スク嶽	118	トゥルワカシー	73	**は 行**	
スモモ	64	豊見城(名字／地名)	47,	ハーリー	111
スラブヤー	6	157		パインアップル	62
斎場御嶽	5, 117	豊見城家	34	白銀堂	133
そーうみんぷっとぅるー	61	豊見城高	145	化け猫	140
ソーキ汁	73, 83	ドラゴンフルーツのパルフ		八幡神徳寺	119
ソーキソバ	90	ェ	65	パッションフルーツ	63
そーみんちゃんぷるー	61	鶏肉料理	74	——ジャム	65
そば	52	豚脂	74	——ジュース	65
				花酒	93
た 行		**な 行**		バナナ	63
泰久王	30	ナーベーラーンブシー	73,	ぱなぱんぴん・たまらんぼ	
大豆	52	95		う	103
タウチー	77	中川原貝塚	14	花ぼうる	60, 103
竹富島の住宅地	5	中城城	28	羽地大川用水	53
竹富島のタナドゥイ	114	仲宗根(名字)	42	羽地朝秀	9
だし	89	仲間之寺	119	パパイヤ	63
ダチョウ	78	中身の吸い物(中身汁)	73	——漬け	95
たて汁	83	永山家	35	——イリチー	65, 74
タナドゥイ(種子取祭)	54,	仲村渠(ナカンダカリ)樋川		浜比嘉島の塩工房の塩	88
114		52		漲水御嶽	120
種麹屋	95	今帰仁(なきじん／名字)	46	ヒージャー料理	74
タピオカ	107	今帰仁城	28	ピーナッツ	88
玉陵	4	今帰仁家	35	ビール	94
玉城(名字)	42	名護	157	比嘉(名字)	42
玉那覇味噌醤油	86	名護高	145	ピタヤ	62
多良間の豊年祭	54, 117	名護市	4	ひとめぼれ	51
タンカン	63	名護中央公園のリュウキュ		ひめゆりの塔	5, 172
——狩り	66	ウカンヒザクラ	165	ひめゆり平和祈念資料館	38
——のパンプディング	65	那覇高	145	びらめー	73
タンナファクルー	60, 104	那覇市	3	ひらやちー(ヒラヤチー)	57
知念(名字)	42	那覇商(高)	145	ビワ	64
チムシジン	73	那覇地区	3	紅型	5
チャンブルー	6	那覇の正月菓子	101	フーチバージューシー	53
中部商(高)	145	波上宮	117	ブエノチキン	76
ちゅらひかり	51	名護城公園(名護中央公園)		ふこい卵	78
長寿宮	117		174	豚肉	7
ちんすこう	59, 60	南山城	28	豚肉料理	72
ちんぴん(巻餅)	59, 102	ナントゥーンス	60	ふちゃぎ	103
ちんぴん・ぽーぽー	103	なんとう餅	103	ブドウ	65
対馬丸記念館	40	肉汁	82	フボー御嶽	120
壺屋焼	127, 149	肉みそ	90	フライドチキン	77
デイゴ	4	新田(名字)	43	兵隊の幽霊	140
天人女房	131	日本酒	94	平和祈念公園	173
てんぷらー	77	人魚	139	蛇皮入	132
冬瓜漬	98	人参	88	辺土名(名字)	47
銅鐘	21	熱帯・亜熱帯植物	166, 167	辺土名家	35
東南植物楽園	40	練り唐辛子	90	豊年祭	113
東南植物楽園の熱帯・亜熱		ノグチゲラ	78	ポーク玉子おにぎり	77
帯植物	167			ぽーぽー(炮炮)	58, 59, 102
豆腐よう	94				

ポンカン　　　　63

ま 行

マーコット　　　64
マース　　　　　88
前原高　　　　146
間切　　　　　　10
真志喜安座間原第1遺跡16
真玉橋の人柱伝説　134
摩文仁にの丘・ひめゆりの
　塔　　　　　172
マユンガナシ　111
マングローブ　5, 168
マンゴー　　　　62
ミカン　　　　　64
ミシゲーマジムン　141
味噌　　　80, 86, 93
みそじる　　　　82
港川遺跡　　　　13
みぬだる　　　　73
ミミガー　　　　73
耳切り坊主　　141
宮古市　　　　　4
宮古島市総合博物館　37
宮古上布　　　126
宮良殿内庭園　175
ミルキーサマー　51
ムーチー(鬼餅)　103
麦ぴんぎん　　102
メロン　　　　　65
モーイ親方　　135

モズク　　　　　69
もち米　　　　　51
もとぶ牛　　　　72
もろみ酢　　　　94

や 行

八重山商工(高)　146
屋我地島の塩工房の塩　87
ヤギ刺し　　　　75
山羊汁　　　　　75
ヤマウムナントゥー　60
山田　　　　　176
ヤマモモ　　　102
やんばる国立公園やんばる
　　　　　　　171
やんばる地鶏　74, 77
ユーグレナ・モール　164
雪塩　　　　　　87
ゆっかぬひー　102
ユンタンザミュージアム40
義村家　　　　　35
与世山(名字)　　46
与世山家　　　　35
与那原　　　　158
読谷山(名字)　　47
読谷山花織　　127
読谷山ミンサー　128

ら 行

らー油類　　　　90
楽風舞　　　　　52

ラフテー　　　　72
琉球王国　　　　8
琉球王朝菓子　103
琉球王朝御用達の味噌・醤
　油　　　　　　86
琉球王朝の菓子と庶民の菓
　子　　　　　　98
琉球音階　　　　6
琉球ガラス　　128
リュウキュウカンヒザクラ
　　　　　　　165
琉球国王尚家関係資料4, 21
琉球漆器　　　129
琉球醤油　　　　86
琉球政府　　　　10
琉球大学資料館　39
琉球八社　　　117
琉球藩　　　　　10
琉球びんがた　124
リュウキュウマツ　4
琉球味噌　　　　86
るくじゅう　　　94
レイシ　　　　　63

わ 行

歴代宝案　　　　8
和宇慶(名字)　　46

47都道府県ご当地文化百科・沖縄県

令和6年11月30日　発　行

編　者　丸　善　出　版

発行者　池　田　和　博

発行所　丸善出版株式会社
〒101-0051 東京都千代田区神田神保町二丁目17番
編集：電話 (03)3512-3264／FAX (03)3512-3272
営業：電話 (03)3512-3256／FAX (03)3512-3270
https://www.maruzen-publishing.co.jp

© Maruzen Publishing Co., Ltd. 2024

組版印刷・富士美術印刷株式会社／製本・株式会社 松岳社

ISBN 978-4-621-30970-4　C 0525　　　　　　Printed in Japan

JCOPY 〈(一社)出版者著作権管理機構 委託出版物〉
本書の無断複写は著作権法上での例外を除き禁じられています．複写
される場合は，そのつど事前に，(一社)出版者著作権管理機構(電話
03-5244-5088, FAX 03-5244-5089, e-mail：info@jcopy.or.jp) の許諾
を得てください．

【好評既刊 ● 47都道府県百科シリーズ】

(定価：本体価格3800〜4400円＋税)

47都道府県・**伝統食百科**……その地ならではの伝統料理を具体的に解説

47都道府県・**地野菜/伝統野菜百科**……その地特有の野菜から食べ方まで

47都道府県・**魚食文化百科**……魚介類から加工品、魚料理まで一挙に紹介

47都道府県・**伝統行事百科**……新鮮味ある切り口で主要伝統行事を平易解説

47都道府県・**こなもの食文化百科**……加工方法、食べ方、歴史を興味深く解説

47都道府県・**伝統調味料百科**……各地の伝統的な味付けや調味料、素材を紹介

47都道府県・**地鶏百科**……各地の地鶏・銘柄鳥・卵や美味い料理を紹介

47都道府県・**肉食文化百科**……古来から愛された肉食の歴史・文化を解説

47都道府県・**地名由来百科**……興味をそそる地名の由来が盛りだくさん！

47都道府県・**汁物百科**……ご当地ならではの滋味の話題が満載！

47都道府県・**温泉百科**……立地・歴史・観光・先人の足跡などを紹介

47都道府県・**和菓子/郷土菓子百科**……地元にちなんだお菓子がわかる

47都道府県・**乾物/干物百科**……乾物の種類、作り方から食べ方まで

47都道府県・**寺社信仰百科**……ユニークな寺社や信仰を具体的に解説

47都道府県・**くだもの百科**……地域性あふれる名産・特産の果物を紹介

47都道府県・**公園/庭園百科**……自然が生んだ快適野外空間340事例を紹介

47都道府県・**妖怪伝承百科**……地元の人の心に根付く妖怪伝承とはなにか

47都道府県・**米/雑穀百科**……地元こだわりの美味しいお米・雑穀がわかる

47都道府県・**遺跡百科**……原始〜近・現代まで全国の遺跡＆遺物を通観

47都道府県・**国宝/重要文化財百科**……近代的美術観・審美眼の粋を知る！

47都道府県・**花風景百科**……花に癒される、全国花物語350事例！

47都道府県・**名字百科**……NHK「日本人のおなまえっ！」解説者の意欲作

47都道府県・**商店街百科**……全国の魅力的な商店街を紹介

47都道府県・**民話百科**……昔話、伝説、世間話…語り継がれた話が読める

47都道府県・**名門/名家百科**……都道府県ごとに名門/名家を徹底解説

47都道府県・**やきもの百科**……やきもの大国の地域性を民俗学的見地で解説

47都道府県・**発酵文化百科**……風土ごとの多様な発酵文化・発酵食品を解説

47都道府県・**高校野球百科**……高校野球の基礎知識と強豪校を徹底解説

47都道府県・**伝統工芸百科**……現代に活きる伝統工芸を歴史とともに紹介

47都道府県・**城下町百科**……全国各地の城下町の歴史と魅力を解説

47都道府県・**博物館百科**……モノ＆コトが詰まった博物館を厳選

47都道府県・**城郭百科**……お城から見るあなたの県の特色

47都道府県・**戦国大名百科**……群雄割拠した戦国大名・国衆を徹底解説

47都道府県・**産業遺産百科**……保存と活用の歴史を解説。探訪にも役立つ

47都道府県・**民俗芸能百科**……各地で現存し輝き続ける民俗芸能がわかる

47都道府県・**大相撲力士百科**……古今東西の幕内力士の郷里や魅力を紹介

47都道府県・**老舗百科**……長寿の秘訣、歴史や経営理念を紹介

47都道府県・**地質景観/ジオサイト百科**……ユニークな地質景観の謎を解く

47都道府県・**文学の偉人百科**……主要文学者が総覧できるユニークなガイド